Bausteine für die Aktivierung von Demenzkranken

Tanja Stein

Herbst

Verlag an der Ruhr

Impressum

Titel: Bausteine für die Aktivierung von Demenzkranken – **Herbst**

Autorin: Tanja Stein

Notensatz: Johannes Schlesinger

Musik-CD: aufgenommen und produziert von David Heintz Musikproduktion, Weinheim (https://davidheintzmusikproduktion.wordpress.com)

Titelbildmotiv: © mathom/Fotolia.com

Bildnachweis: siehe Seite 87

Verlag an der Ruhr
Mülheim an der Ruhr
www.verlagruhr.de

Hinweis

Die Ratschläge in diesem Buch sind von der Autorin erprobt und vom Verlag sorgfältig erwogen worden. Nehmen Sie dennoch eine genaue Prüfung entsprechend Ihrer Situation vor und wägen verantwortungsvoll ab, welche Anregungen Sie bei welchen Personen anwenden. Die Durchführung der Anregungen erfolgt ausschließlich in eigener Verantwortung des Anwenders.

Unser Beitrag zum Umweltschutz:
Wir sind seit 2008 ein ÖKOPROFIT®-Betrieb und setzen uns damit aktiv für den Umweltschutz ein. Das ÖKOPROFIT®-Projekt unterstützt Betriebe dabei, die Umwelt durch nachhaltiges Wirtschaften zu entlasten. Unsere Produkte sind grundsätzlich auf chlorfrei gebleichtes und nach Umweltschutzstandards zertifiziertes Papier gedruckt.

2. überarbeitete Auflage
ISBN 978-3-8346-3020-9

Printed in Germany

Inhaltsverzeichnis

EINFÜHRUNG

PRAXIS

ANHANG

Über die Autorin

Tanja Stein ist staatlich anerkannte Ergotherapeutin. Sie ist 1981 geboren und Mutter einer Tochter. Über einen Zeitraum von drei Jahren leitete sie den Bereich der sozialen Betreuung in einem Alten- und Pflegeheim mit 30 Bewohnern unterschiedlichster körperlicher und geistiger Verfassung (von Oktober 2008 bis November 2011).

Die Planung und Umsetzung methodisch und didaktisch sinnvoll aufgebauter Beschäftigungsangebote mit Bezug zur Biografie der Senioren, jahreszeitlichem Kontext sowie den geriatrischen Krankheitsbildern gehörten zu ihrem Aufgabenbereich.

Seit November 2011 arbeitet Tanja Stein für einen Heilpädagogischen Dienst mit entwicklungsgestörten und verhaltensauffälligen Kindern. Des Weiteren ist sie Mitglied in der Alzheimergesellschaft, hat die Zusatzqualifikation Gerontopsychiatrie erworben und ist als freiberufliche Kursleiterin in der Familienbildungsstätte tätig.

Danksagung

Ein besonderer Dank geht an Jasmin Jacobsen und meine Familie!

Tanja Stein

Vorwort

Das vorliegende **Materialpaket** ist ein **praxisorientierter Wegbegleiter** für die Arbeit mit alten und **demenzkranken Menschen**. Es richtet sich an Sozialpädagogen*, Ergotherapeuten, Altenpfleger, Alltagsbegleiter nach §87b SGB XI sowie speziell an Quereinsteiger, d.h. an Menschen, die im Bereich Altenpflege arbeiten, jedoch ursprünglich aus anderen Berufsgruppen stammen. Auch Angehörige finden hier **Anregungen und Ideen** für die **Beschäftigung und Aktivierung** Betroffener.

Das **Material** orientiert sich am **Rhythmus der Jahreszeiten** und bezieht die Elemente der Natur in die aktivierenden Übungen mit ein. Der rote Faden ist die **Mobilisierung** auf körperlicher wie auch auf geistig-seelischer Ebene mit **Bezug zur Biografie** der Teilnehmer. Die Empfehlungen des MDK zum Umgang mit Demenzkranken und die Prüfkriterien stationärer Altenpflegeeinrichtungen sind bei der Erarbeitung und Zusammenstellung der Übungen eingeflossen.

Das **Buch sowie die zugehörigen Materialien** bieten zahlreiche Impulse zur Gestaltung von **Gruppenangeboten** und **Einzelförderungen** für Senioren mit unterschiedlichen körperlichen und geistigen Fähigkeiten und Einschränkungen. Das Ziel ist, die verbliebenen Fähigkeiten zu erhalten sowie die alten Menschen zu fördern und zu aktivieren. Dabei finden die Leser zahlreiche **praxiserprobte Anregungen**, wie sie auf die besonderen Einschränkungen des Einzelnen individuell eingehen können.

In den Übungen zur **Mobilisation und Aktivierung** kommen insbesondere Materialien des Alltags sowie eine Auswahl an **wiederkehrenden Medien** mit **hohem Aufforderungscharakter** zum Einsatz. Beispielhafte Lied- und Gedichttexte ergänzen die Ideensammlung und ermöglichen dem Nutzer eine schnelle Umsetzung **ohne lange Vor- und Nachbereitungszeit.**

---

* *Mit diesem Buch adressieren wir hauptsächlich eine weibliche Leserschaft, denn nach wie vor sind in pflegerischen Berufen überwiegend Frauen beschäftigt. Aus Gründen der besseren Lesbarkeit haben wir uns trotzdem dazu entschlossen, durchgehend die männliche Form zu verwenden, um den Lesefluss nicht durch komplizierte Wortkonstruktionen zu stören. Wir bitten alle Leserinnen, sich trotzdem angesprochen zu fühlen und uns diese Vereinfachung nachzusehen.*

Einleitung

Aufbau der Reihe

Die folgende Reihe (siehe rechts) umfasst **vier Materialpakete** zu den **vier Jahreszeiten**.

Jedes Paket besteht aus einem **Handbuch**, das 10–12 Kapitel mit jeweils unterschiedlichen Übungen enthält, sowie Begleitmaterialien.
Zu den Begleitmaterialien gehören **Kopiervorlagen** mit Liedern, Noten, Gedichten und anderen Texten sowie **farbige Fotovorlagen**.
Außerdem enthält das Materialpaket auch eine ➲ Musik-CD mit den zu den Übungen gehörenden Liedern. Die Noten und Texte zu den Liedern befinden sich auf der ▶ CD-ROM (siehe oben).

Sie finden alle benötigten Begleitmaterialien auf der ▶ CD-ROM zum individuellen Ausdrucken und zusätzlich, wenn sie bestimmten Übungen **direkt zugeordnet** und nicht nur ergänzend gedacht sind, auch im **Anhang** dieses Handbuches. So können Sie frei auswählen, in welcher Anzahl Sie diese Materialien ausdrucken möchten.

Die **Übungen im Handbuch** sprechen gezielt verschiedene Fördermöglichkeiten an. Der Kapitelaufbau sowie die Übungsbeschreibungen richten sich sowohl an erfahrene Fachkräfte als auch an Berufseinsteiger und berufliche Quereinsteiger.

Wichtigster Aspekt in der Arbeit mit alten und an Demenz erkrankten Menschen ist deren ganzheitliche Förderung, um die Gesundheit und verbleibende Fähigkeiten bestmöglich zu erhalten. Die Dokumentation der angewandten Maßnahmen ist wichtiger Bestandteil der täglichen Arbeit.
Hier gibt das Handbuch Hinweise und Vorschläge, welche Übungen sich speziell für welche Förderziele eignen.

bereits erschienen:

ISBN 978-3-8346-2582-3

ISBN 978-3-8346-2384-3

ISBN 978-3-8346-2581-6

Die zahlreichen Übungen bieten breit gefächerte Möglichkeiten, den Bewohnern **sinnliche und fördernde Erlebnisse** zu verschaffen. Die Übungen können – müssen aber nicht – in der vorgeschlagenen Reihenfolge durchgeführt werden. Der Leser findet, wie im Titel beschrieben, ein **Baukastensystem für die tägliche Aktivierung**.

In der ausführlichen **Einleitung** finden Sie wichtige **Informationen zum Aufbau und zur Handhabung des Buches**. Die fachlichen Informationen sowie allgemeine Tipps und Anregungen für die alltägliche Arbeit führen zu neuen, motivierenden Impulsen für den beruflichen Alltag. Der erste Teil des Buches leistet somit einen wichtigen Beitrag zum theoretischen Wissen um das Thema Demenz, im zweiten Teil bildet die praktische Anwendung der Übungen den Schwerpunkt.

Im Anschluss an den Praxisteil finden Sie den **Anhang**. Darin befinden sich ein **Glossar** mit hilfreichen Erläuterungen zu einzelnen Fachwörtern, ein **Stichwortverzeichnis** zu Übungen, Förderzielen und eingesetzten Materialien, **Medientipps** sowie die benötigten **Kopiervorlagen**.

Die Zielgruppe

Die vorliegenden Materialien orientieren sich an den Bedürfnissen Demenzkranker. Sie eignen sich insbesondere für **Demenzkranke in einem frühen Stadium** der Erkrankung. Es gibt zu verschiedenen Übungen in diesem Buch jedoch auch **Adaptionen** (erweiterte Übungen oder Variationen mit verändertem Schwierigkeitsgrad), die auf Demenzkranke des zweiten Stadiums zugeschnitten sind. Einzelne Übungen sind in den Adaptionen so aufbereitet, dass auch Erkrankte im dritten Stadium erreicht werden können.

Demenz im frühen Stadium

Bei diesem Personenkreis stehen **Störungen des Kurzzeitgedächtnisses** im Vordergrund. Die Aufmerksamkeit ist bei diesen Menschen eingeschränkt. Neue **Informationen können sie nur schwer behalten** und verlieren die Fähigkeit, mehrere Aufgaben gleichzeitig zu erledigen. Zudem stellen sie wiederholt die gleichen Fragen und vergessen Verabredungen. Gefährlich kann es werden, wenn sie vergessen, den Herd auszustellen, oder den Überblick im Straßenverkehr verlieren. Zugleich bestehen Schwierigkeiten des Denkens. Komplexe Zusammenhänge können Demenzkranke nur schwer oder sehr langsam erfassen und ihre **Urteilsfähigkeit lässt nach**.

Das **Nachlassen der Leistungsfähigkeit** fällt Angehörigen, aber auch den Betroffenen selbst, in neuen, ungewohnten Situationen und fremden Umgebungen schneller auf als im gewohnten Alltag und der häuslichen Umgebung. Bei den meisten Betroffenen verliert die Sprache an Präzision. Die **Wortfindung ist erschwert**, der Informationsgehalt der Mitteilungen nimmt ab, oft wiederholt sich der Inhalt. **Störungen in der Wahrnehmung** räumlicher Verhältnisse äußern sich in Unsicherheiten beim Autofahren, beim Anziehen oder bei handwerklichen Arbeiten, logische Abfolgen gehen zunehmend verloren.

Demenz im zweiten Stadium

In diesem Stadium haben die Betroffenen zunehmend **Schwierigkeiten bei alltäglichen Verrichtungen**. Die **Einschränkungen des Gedächtnisses** und des Denkvermögens erreichen allmählich einen Grad, der die Erkrankten von fremder Hilfe abhängig werden lässt. Auch in vertrauter Umgebung fällt das Zurechtfinden schwer. Komplizierte Aktivitäten im Haushalt oder in der Freizeit müssen sie aufgeben oder durch einfachere ersetzen. Die Erkrankten ziehen sich häufig aus ihrem sozialen Gefüge zurück. Nicht selten zeigen sie sich niedergeschlagen, resigniert und gereizt. Zunehmend **verblasst die Erinnerung** an frühere Ereignisse, sogar an die eigene Lebensgeschichte. Der **Verlust der Wahrnehmungsverarbeitung** kann zu **Sinnestäuschungen** und **illusionären Verkennungen** führen.

Die Betroffenen glauben sich beispielsweise im besten Erwachsenenalter und im Vollbesitz ihrer geistigen und körperlichen Kräfte. Sie suchen ihre Eltern, wollen verreisen oder zur Arbeit gehen. Manche Betroffenen sehen nicht vorhandene Personen und Gegenstände (Halluzinationen), erkennen ihre Angehörigen oder ihr eigenes Spiegelbild nicht mehr. Häufige Begleitsymptome sind wahnhafte Befürchtungen, ziellose Unruhe, Störungen des Tag-Nacht-Rhythmus, verminderte Beherrschung von Gefühlsreaktionen und körperliche Symptome, wie Harninkontinenz und Gangstörungen.

Demenz im dritten Stadium

Im **dritten Stadium der Demenzerkrankung** kommt es zu einem **hochgradigen geistigen und körperlichen Abbau**. Der Betroffene wird zunehmend pflegebedürftig. Das Gehirn kann keine neuen Informationen mehr speichern. **Die Sprache ist sehr eingeschränkt**, oft reiht der Erkrankte nur einzelne Worte oder Laute aneinander oder spricht gar nicht mehr. Der Verlust des Sprachverständnisses macht eine verbale Kommunikation schwierig. In diesem Stadium werden auch enge Angehörige oft nicht mehr erkannt. **Das Gefühlsleben bleibt jedoch erhalten.** Stimmungen, Emotionen und Veränderungen im zwischenmenschlichen Bereich werden wahrgenommen. Auch eigene Empfindungen können die Betroffenen zum Ausdruck bringen. Diese sind allerdings häufig mit Verhaltensweisen gemischt, die für Außenstehende schwer verständlich sind. Die Körperbewegungen sind oft stereotyp, wie z. B. ständiges Nesteln, Reiben oder Wischen, oder die Eigenaktivität versiegt fast komplett.

Die Erkrankten sind in allen Bereichen des täglichen Lebens auf Hilfe angewiesen. In der Regel geht auch die Kontrolle über die Darmentleerung verloren. Schluckbeschwerden können große Probleme bei der Nahrungsaufnahme machen. Es kommt zu einem **Verlust der körperlichen Kräfte**, viele Menschen werden bettlägerig. In diesem Stadium kommen Angehörige nur noch selten ohne professionelle Hilfe bei Pflege und Betreuung aus. Die Betroffenen reagieren gut auf **basale Reize** durch Berührungen, Massagen, Ansprache oder Singen mit ruhiger, tiefer Stimme, passives, **rhythmisches Bewegen der Extremitäten**, Stimulation durch Gerüche und besonders durch süße oder eindeutig und kräftig gewürzte Nahrungsmittel.

Wahrnehmung

Unsere Wahrnehmung mit all ihren Sinneskanälen ist sinnbildlich unser Tor zur Innen- und Außenwelt. Wir nehmen uns und unsere Umwelt ständig wahr, teils bewusst, teils läuft dies unbewusst ab. Allgemein gilt: Die Wahrnehmung von Senioren verändert sich und auf demenziell erkrankte Senioren trifft dies in besonderem Maße zu. Wie sich dies im Einzelfall darstellt, ist jedoch individuell sehr verschieden.

Visuelle Wahrnehmung (Sehen, Räumlichkeit, Farbsehen etc.)

Typische Veränderungen im Alter sind die Zunahme von Fehlsichtigkeiten. So benötigen viele Senioren eine Brille zum Lesen (Weitsichtigkeit) oder auch um eine Kurzsichtigkeit auszugleichen. Es gibt die sogenannte Altersweitsichtigkeit (Presbyopie). Dies bedeutet, dass die Funktion des Auges, einen Punkt im nahen Sichtbereich scharf zu stellen, durch einen physiologischen Alterungsprozess zunehmend abnimmt. Gegenstände, z. B. ein Buch oder eine Nähnadel, müssen weiter vom Auge weggehalten werden, um scharf gesehen zu werden.
Im Alter nimmt auch die **Disposition** für Augenkrankheiten zu, wie beispielsweise den Grünen Star (Glaukom) und auch den Grauen Star (Katarakt). Beim Grünen Star kommt es zu „blinden Flecken" (Skotome) im Sehfeld. Beim Grauen Star trübt die Linse langsam ein. Dies bedeutet ebenfalls Einschränkungen des Sehfeldes, es treten Verzerrungen des Gesehenen auf, Betroffene beschreiben oft einen Eindruck, als würden sie durch dichten Nebel schauen.

Auditive Wahrnehmung

Das Hören verändert sich ebenfalls. Der Frequenzbereich der wahrnehmbaren Töne wird kleiner. Die hohen Töne werden zunehmend weniger wahrgenommen. Auch die Schwelle der hörbaren Lautstärke kann sich verändern, sodass ohne Hörgeräte eventuell sehr laut mit den Personen gesprochen werden muss. Sprechen Sie mit (dementen) Senioren deshalb deutlich, betonen

Sie Ihre wichtigen Aussagen, sprechen Sie in kurzen, einfach strukturierten Sätzen und wählen Sie eine ruhige und möglichst tiefe Stimmlage. Auch beim Singen stimmen Sie besser eine tiefere Stimmlage an. Vermeiden Sie die sogenannte **„Motherese"** (Ammensprache) mit übertrieben hohen Betonungen und Verniedlichungen.
Des Weiteren kann eine sogenannte auditive **Wahrnehmungsverarbeitungsstörung** auftreten. Durch den Abbau von Nervenzellen im Hirn kann das Hörzentrum soweit beeinträchtigt sein, dass ein organisch gesundes Ohr zwar Reize aufnehmen kann, diese im Gehirn aber nicht adäquat verarbeitet werden können.

Olfaktorische Wahrnehmung

Das Riechen ist ein sehr wichtiger Sinn, der unser Wohlbefinden und unsere Erinnerung in hohem Maße beeinflusst. Der Geschmack von Speisen wird wesentlich vom Geruchssinn mitbestimmt. Die Zunge kann nur die Qualitäten süß, sauer, bitter, salzig und „umami" (würzig) abbilden, die Nuancen und Aromen, z. B. von Vanille, Kaffee oder Minze, werden dagegen durch ätherische Substanzen über den Nasen-Rachenraum wahrgenommen und komplettieren, also vollenden, den Geschmackseindruck.

Das limbische System ist eng mit dem Riechzentrum im Hirn verbunden. Hier werden bekannte Gerüche mit Erinnerungen verknüpft und bewertet, z. B. der Plätzchenduft in Großmutters Küche, der in Kindertagen das Wasser im Munde zusammenlaufen ließ, aber auch der beißende Geruch von Qualm, der uns in Alarmbereitschaft versetzt und uns sprichwörtlich Gefahr riechen lässt.

Sorgen Sie zusammen mit den Pflegekräften für eine gute Nasenpflege, entfernen sie festsitzende Borken an den Nasenwänden und sorgen Sie für gut befeuchtete Raumluft in allen Zimmern. Geeignete Medikamente in Rücksprache mit dem Arzt sorgen für eine freie Atmung und gesunde Schleimhäute und tragen so zu einer guten olfaktorischen Wahrnehmung bei.

Gustatorische Wahrnehmung

Der Geschmackssinn befindet sich auf der Zunge. Je nachdem mit welchen Nahrungsmitteln wir in unserem Leben in Berührung gekommen sind, entwickelten sich Vorlieben oder Abneigungen für gewisse Speisen und wir bevorzugen eher kräftig gewürzte Speisen, Süßes oder milde und naturbelassene Nahrungsmittel. Bei Demenzkranken ist in der Regel eine Vorliebe für süße Speisen zu beobachten. Es gilt: Würzen Sie alle Speisen eindeutig und kräftig. Das heißt aber natürlich nicht, dass Sie versalzene Speisen anbieten sollen. Geben Sie dem Essen Geschmack! Kartoffelbrei beispielsweise ist von Natur aus eher fad und geschmacksneutral. Mit einem guten Stück gesalzener Butter, einer Prise Muskat und ein wenig Pfeffer verfeinert, bekommen wir einen eindeutigeren Geschmackseindruck davon. Ebenso können Sie aber auch ungewohnte Wege gehen und den Kartoffelbrei mit Zucker oder Honig würzen und ihn so für demenzkranke Bewohner, die süße Speisen bevorzugen, „schmackhaft" machen.

Beachten Sie, dass Medikamente sich oft negativ auf den Geschmackssinn auswirken! Die Einnahme von Antidepressiva beispielsweise kann den Geschmackseindruck vermindern und führt sehr häufig auch zu Mundtrockenheit.

Taktile Wahrnehmung (taktil-kinästhetischer Sinn, Tiefenwahrnehmung)

Das Fühlen unterteilt sich in zwei Komponenten, die Oberflächensensibilität (Taktilität) und die Propriozeption (Tiefenwahrnehmung). Wir nehmen über die Haut Reizinformationen auf, wie z. B. Druck, Reibung, Schmerz und Temperatur. Die Tiefensensibilität gibt uns laufend Informationen darüber, wie unsere Stellung zum Raum ist und wie unsere Körperteile zueinander stehen, sie wird auch unsere Eigenempfindung genannt. Berührungen, Massagen, Druck und Zug stimulieren das taktile System und können sowohl zu Wachheit und dem Aufbau von Muskeltonus dienen, wie auch zu Entspannung und Ruhe führen. Nutzen Sie dies im Umgang und in der Pflege Ihrer Bewohner.

Vestibuläre Wahrnehmung

Der Gleichgewichtsinn hält uns aufrecht und beeinflusst maßgeblich unsere Körperspannung (Muskeltonus). Ist der Gleichgewichtssinn beeinträchtigt, kann es zu Schwindel kommen und es besteht eine besonders hohe Gefahr, zu stürzen, oder wir verlieren die Orientierung im Raum (z. B. oben/unten) und müssen uns setzen oder an Gegenständen festhalten. Oft habe Senioren aus verschiedenen Gründen Gehprobleme und brauchen Hilfsmittel, wie Rollatoren oder Gehstöcke, um aufrecht und gefahrlos zu gehen. Eine hohe Gefahr für Senioren besteht nach längeren Liegezeiten, z. B. nach Krankheiten. Bedenken Sie, dass wir eine andere Wahrnehmung für oben und unten haben, wenn wir liegen. Gehen wir vom Scheitel aus, dann ist oben nicht mehr die Zimmerdecke, sondern das Kopfende. Bedenken Sie dies bei Ihrer Wortwahl, wenn Sie einen Bewohner im Bett mobilisieren und fördern. Sorgen Sie gemeinsam mit den Pflegekräften und dem Personal vom Sanitätsdienst dafür, dass alle Gehhilfen und andere Hilfsmittel gut auf den Bewohner eingestellt sind und die Geräte regelmäßig gewartet werden, um das Sturz- und Verletzungsrisiko zu minimieren. Außerdem sollten Sie auf Basis des Expertenstandards „Sturzprophylaxe" dafür sorgen, dass das Schuhwerk, die Kleidung und die Bodenbeschaffenheit den Bewohnern und Teilnehmern Ihrer Angebote angepasst ist und kein zusätzliches Sturzrisiko darstellt.

Reizarmut kann fatale Folgen haben. So führt Bewegungsmangel nicht nur zu Kontrakturen in den Gelenken, sondern beeinträchtigt auch die Hirnaktivität negativ und das Wohlbefinden leidet. **Deprivation** (Reizentbehrung oder Reizentzug) kann zu schweren psychischen Störungen und zu ausgeprägten Anzeichen von **Hospitalismus** führen!

Was bedeutet das für unsere Arbeit?

Gestalten Sie die Umwelt Ihrer Bewohner „sinnvoll" und sicher. Wir müssen uns mit unseren Angeboten darauf einstellen, das demente Senioren in vielen Bereichen Einschränkungen haben und die Wahrnehmung gezielt und individuell fördern. Reize müssen gezielt und eindeutig sein, um wahrgenommen werden zu können. Reizflut durch Geräusche, z. B. durch Fernsehgeräte, Radio, dünne Wände und Straßenlärm, beeinträchtigt beispielsweise das Zuhören und die Konzentration und somit die Aufmerksamkeit. So sollten Sie versuchen, Umgebungsgeräusche weitestgehend auszuschalten, also Geräte nur gezielt anzuschalten, Fenster bei Straßenlärm zu schließen und stille Plätze zum „Abschalten" zu schaffen.

Machen Sie bei jedem Angebot begreifbar, was Sie vermitteln wollen. Verstehen Sie dies im ursprünglichen Sinne des Wortes. Unterstützen Sie Ihre Worte durch Anschauungsmaterial und sprechen Sie möglichst viele Sinneskanäle an, um abstrakte Themen verständlich zu übermitteln. Lassen Sie Ihre Teilnehmer mit allen Sinnen spüren, welches Thema sie gemeinsam bearbeiten wollen. Regen Sie den Geruchssinn an und bringen Sie etwas zum Anfassen mit. Dies sollten eindeutig erkennbare, kontrastreiche Gegenstände sein, die in Ihrer Gestaltung interessant sind. Sie sollten einen hohen Aufforderungscharakter durch die Farbgebung und die Materialbeschaffenheit haben.

Bewegungsförderung oder Aktivierung

Im Bereich Altenarbeit und Altenhilfe bzw. für die Arbeit mit Senioren mit unterschiedlichen Krankheitsbildern gibt es zahlreiche Bücher. Das hier vorliegende Handbuch zur Förderung alter und demenzkranker Menschen nimmt die aktuelle Entwicklung in unseren Altenheimen und Altenhilfeeinrichtungen ernst und leistet damit einen wertvollen Beitrag, wie die Mitarbeiter in den Einrichtungen den dort lebenden Menschen gerecht werden können. Untersuchungen haben ergeben, dass immer mehr alte Menschen, gerade in Alteneinrichtungen, dement sind, d.h. an verschiedenen Formen der Demenz leiden.

Übungen zur Seniorengymnastik bzw. zur körperlichen Mobilisierung und Bewegungsförderung reichen heute nicht mehr aus, um diese Menschen zu fördern. Die Krankheitsbilder sind vielschichtiger geworden. Der Förderansatz muss daher komplexeren Anforderungen genügen.
Aufgrund von mehrfachen Erkrankungen (Multimorbidität) kann die Diagnose Demenz sowohl eine über- wie auch eine untergeordnete Rolle in der Seniorenarbeit spielen, was die Ziele für den Einzelnen betrifft.
Es kann beispielsweise bei der Konstellation von Demenz und Morbus Parkinson in schweren Krankheitsschüben zu starken Mobilitätseinschränkungen kommen, die die Teilnahme an reinen Bewegungsförderungsmaßnahmen scheitern lassen. Auch im Verlauf anderer Krankheitsbilder, wie Osteoporose, rückt aufgrund starker Schmerzen, die oft nur schwer medikamentös einstellbar sind, die Bewegungsförderung in den Hintergrund und es geht vorrangig darum, die Lebensqualität durch Spaß und Beschäftigungsfelder, die Erleichterung schaffen, zu erhöhen.

In diesen Phasen steht dann die geistige Beweglichkeit stärker im Vordergrund. Auf der anderen Seite können gerade die beiden genannten Krankheitsbilder zu schweren Bewegungseinschränkungen führen, wenn kein ganzheitliches Bewegungsförderungskonzept praktiziert wird, also körperliche Mobilisation im eigentlichen Sinne fehlt.

Im Zuge der Demenz nehmen darüber hinaus die geistigen Ressourcen ab und der Spaß in der Gemeinschaft sowie das Erleben der inneren Gefühlswelt nehmen an Bedeutung zu. Oft sind Demenzkranke noch lange körperlich mobil und agil, auch wenn viele Gedächtnisfunktionen schon stark in Mitleidenschaft gezogen wurden. In diesem Handbuch sprechen wir daher von einer ganzheitlichen Bewegungsförderung, die sich sowohl auf die Kognition wie auch auf die körperliche Beweglichkeit bezieht.

Nutzung des Bausteinsystems und Aufbau der Übungen

Zeitangabe

Die Zeitangaben geben Ihnen einen zeitlichen Orientierungsrahmen für die einzelnen Übungen. Natürlich sind hierbei die örtlichen und situativen Gegebenheiten zu berücksichtigen.
Einige Übungen können Sie gut als Einzelfördermaßnahmen durchführen. Führen Sie die gleiche Übung mit der gesamten Gruppe durch, dauert dies in der Regel etwas länger. Für einige Übungen ist das Arbeiten am Tisch sinnvoll, andere Übungen können Sie besser im Stuhlkreis durchführen.

Förderschwerpunkte

Hier finden Sie eine Übersicht der im Buch verwendeten Förderschwerpunkte, die auch in die einrichtungsinterne Dokumentation übernommen werden können. Die Bezeichnungen tauchen vor jeder Übung auf, damit Sie sofort sehen können, welchen Übungsschwerpunkt die jeweilige Aktion hat.

- ☑ Angehörigenarbeit
- ☑ Bewegungsübung/-spiel
- ☑ Biografiearbeit
- ☑ Generationsübergreifende Arbeit
- ☑ Gesprächsrunde
- ☑ Kreativübung
- ☑ Hauswirtschaft
- ☑ Hirnleistungstraining
- ☑ Lesen
- ☑ Musik/Singen

Material

Unter der Überschrift „Material“ sind stichpunktartig die wichtigsten Utensilien für die verschiedenen Übungen des jeweiligen Kapitels aufgeführt. Einige immer wiederkehrende Standard-Materialien sollten Sie evtl. für Ihre Einrichtung dauerhaft anschaffen. Hierzu finden Sie eine Liste mit Vorschlägen auf Seite 19.

5–10 Min.
Musik/Singen
Bewegungsübung

„Der Herbst ist ein Geselle“

Material
- Lied „Der Herbst ist ein Geselle“ (Noten und Text siehe S. 88 im Anhang bzw. Textvorlage CD-ROM, Lied siehe Musi…
- CD-Spieler

Durchführung
Singen Sie gemeinsam das Lied. Leiten Sie z. B. mit den folge… „Ich habe Ihnen zum Thema Herbst ein Lied mitgebracht, das … Ihnen singen möchte.“

Adaptionen
Tragen Sie den Lied-Text langsam und akzentuiert als Gedicht vor. Überlegen Sie sich gemeinsam passende Bewegungen, z. B. den Oberkörper wiegen beim Wort „Brausebasse“ oder mit den Füßen auf den Boden trampeln beim Wort „stürmt“.

Ziele
- Pneumonieprophylaxe
- Bewegungsförderung
- Sprachförderung

siehe Anhang, Seite 88

10–20 Min.
Gesprächsrunde

Gesprächsrunde zum Thema „Herbstzeit“

Material
- passende Tischdekoration

Durchführung
Sprechen Sie gemeinsam über den Herbst:
Was macht diese Jahreszeit aus?
Welche Besonderheiten hat diese Jahreszeit?
Was mögen Ihre Teilnehmer besonders daran, was ist …

Ziele
- Förderung der Kommunikation
- Förderung sozialer Kontakte

24 Bausteine für die Aktivierung von Demenzkranken

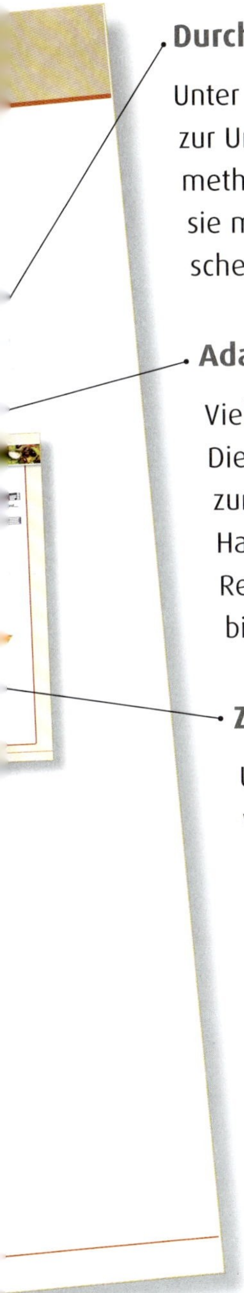

Einstimmung

Hier finden Sie eine kurze Einleitung in das Thema des jeweiligen Kapitels sowie einen möglichen Bezug zum Alltag in der Einrichtung oder zum Alltag der Bewohner in der Vergangenheit (Bezug zur Biografie, Hintergrundinformationen ...).

Durchführung

Unter dieser Überschrift finden Sie Erläuterungen zur Umsetzung der Bausteine. Die Übungen sind methodisch und didaktisch so aufbereitet, dass sie mit wenig Vorbereitung direkt in die praktische Arbeit umgesetzt werden können.

Adaptionen

Viele Übungen enthalten Adaptionen. Dies sind weitere Ideen und Anregungen zur Anpassung der Übungen bei speziellen Handicaps, guten oder wenigen kognitiven Ressourcen und bestimmten Krankheitsbildern.

Ziele

Unter den Zielen finden Sie Angaben dazu, welche Förder- und Entwicklungsziele mit den einzelnen Übungen verfolgt werden. Diese Zielangaben können für Ihre Dokumentation hilfreich sein. Bewohnerbezogen sollen sich diese Ziele im Bereich der AEDL 9 (sich beschäftigen) in der Pflegeplanung wiederfinden und so zu einer ganzheitlich gestalteten und geplanten Pflegesituation beitragen.

Abschluss

(Auf dieser Beispielseite nicht aufgeführt.)

Hier finden Sie beispielhafte Möglichkeiten, die Übungen abzurunden oder den Übergang in den Tag zu gestalten.

Des Weiteren finden sich Hinweise, Tipps und Bastelanleitungen auf einem solchen „Zettelchen".

Hinweise

Hier finden Sie zahlreiche praxiserprobte Tipps und Hinweise, wie die einzelnen Übungen geschickt gestaltet und Gefahrenquellen vermieden werden können. Bekanntermaßen „lernt man aus Erfahrung". Damit Sie unangenehme Erfahrungen umgehen können, sind hier wichtige Alltagserfahrungen aus dem Bereich der Altenarbeit zusammengefasst. Die Hinweise deuten auf wichtige Stolpersteine, zu bedenkende Umstände und mögliche Probleme hin.

Anleitung

Einige Übungen arbeiten mit speziellen Materialien, wie z. B. Farbkarten. Viele dieser Materialien können Sie selbst mit einfachen Mitteln herstellen. Unter „Anleitung" erhalten Sie eine kurze Anleitung, wie Sie diese Materialien basteln oder bauen können und was dabei zu beachten ist. Die Vorbereitungszeit ist in der Regel überschaubar.

Wie gestalte ich eine sinnvolle Beschäftigungseinheit?

Dieses Materialpaket stellt einen reichen Ideenfundus zu verschiedenen Themenschwerpunkten speziell **im Herbst** dar. Jedes Kapitel enthält Übungen und Anregungen aus verschiedenen (Sinnes-)Bereichen, die Sie entsprechend den Fähigkeiten (Ressourcen), den Interessen und der Zusammensetzung Ihrer Bewohnerschaft auswählen und anpassen können. Des Weiteren können Sie mit dieser Sammlung ganz konkret auf die Tages- bzw. Wochenstruktur der Angebotspalette ihrer Einrichtung eingehen.

Dabei wählen Sie individuell aus:

- ☑ Übungen für die gezielte Einzelförderung
- ☑ Kurzaktivierungen für Gruppen und Einzelpersonen
- ☑ Einzelübungen für die Gruppenförderung, wie z. B. Hirnleistungstraining oder Bewegungsübungen
- ☑ Themenbezogene Übungskomplexe für bunte Nachmittage oder Themenwochen mit einer Zusammenstellung aus verschiedenen Übungsbereichen

Alle Übungen eines Kapitels sind durch das gemeinsame Oberthema so aufeinander abgestimmt, dass sie sich fließend zu einer Gesamteinheit gestalten lassen. Die Einleitungen in die jeweiligen Kapitel stellen Einstimmungen auf die Übungen dar. Es sind allgemeine Einführungen in das Thema und geben zusätzlich Hinweise zum kulturhistorischen Hintergrund.

Für die Gestaltung eines themenbezogenen Übungskomplexes bietet sich im Allgemeinen folgender Aufbau an:

- ☑ Begrüßung und Vorstellung des Themas (mit Anschauungsmaterial),
- ☑ gemeinsames Singen oder Vortragen eines bekannten Textes,
- ☑ Fragen zur Biografie: Welchen Bezug haben die Teilnehmer zu dem Thema?,
- ☑ kreative Übung, Assoziationsübung oder Bewegungsübung,
- ☑ Abschluss mit einem gemeinsamen Lied oder einem abschließenden Text,
- ☑ Zusammenfassung der Einheit und Verabschiedung in den weiteren Tagesablauf.

Die vorgeschlagene Struktur der Übungen ist **nicht** verbindlich. Sie können die Bausteine aus jedem Kapitel beliebig kombinieren. Der Anspruch des Buches ist, dass Sie sich die Übungsvorschläge zu eigen machen, für Ihre Bewohner (individuell) abändern, erweitern und variieren und eigene Übergänge zwischen den einzelnen Übungsbausteinen finden. Die vorgeschlagenen Übungsabfolgen haben sich zwar bewährt, doch sind die Rahmenbedingungen in jeder Einrichtung so unterschiedlich, dass Sie als Anleiter am besten wissen, was in Ihre Einrichtung und zu Ihren Teilnehmern passt.

Genau hierin liegt der Reiz der Arbeit. Es bringt Ihnen sicher viel Spaß, die Übungen, Ideen und Anregungen aus den einzelnen Kapiteln als Impulse zu nehmen und dann etwas Eigenes daraus zu machen. Das ist kreativ! Das macht Freude. Und wenn es Ihnen Freude macht, Ihre Übungen vorzubereiten, dann überträgt sich diese Freude ganz automatisch auf Ihre Teilnehmer. Das ist die Intention dieses Buches.

Umgang mit Störungen und Zwischenfällen

Eine besonders große Herausforderung an Sie ist der Umgang mit „störenden" Ereignissen und Unterbrechungen jeglicher Art. Hierzu sei gesagt: Es gibt leider kein Patentrezept, aber eine gute Vorbereitung hilft Ihnen maßgeblich bei der Bewältigung dieser Probleme! Was können Sie im Vorfeld tun, um eine gute Arbeitsatmosphäre zu schaffen und unvorhergesehene Ereignisse zu minimieren?

- ☑ Bedenken Sie die geringe Aufmerksamkeitsspanne bei Demenzkranken. Ihre Einheiten sollten zwischen 30–45 Minuten dauern. Setzen Sie gezielt Kurzaktivierungen (Dauer ca. 5–10 Minuten) bei Bewohnern ein, deren Konzentration sehr gering ist. Das Nesteln an der Kleidung, Zwischenrufe, das Zunehmen von 2er-Gesprächen, Einschlafen und Aufstehen sind Anzeichen dafür, dass das Ende der Aufmerksamkeitsspanne erreicht ist oder das Angebot über- bzw. unterfordert! Dokumentieren Sie diese Beobachtungen entsprechend und planen Sie für diese Bewohner kürzere, leichtere bzw. anspruchsvollere Beschäftigungen!

- ☑ Planen Sie in Zusammenarbeit mit der Bezugspflegekraft angemessene und sinnvolle Beschäftigungsangebote, die Sie nach individuellen Vorlieben und Ressourcen des Bewohners gemeinsam in der Pflegeplanung festlegen und regelmäßig überprüfen. Berücksichtigen Sie dabei Äußerungen des Bewohners zu Interessensgebieten sowie seinen Krankheitsstatus, die körperlichen und geistigen Ressourcen, seine Biografie, Tagesform etc.
  Planen Sie auch Alternativen, falls es zu Verhinderung durch Krankheit oder Ablehnung des Angebotes kommt. Die Vernetzung und der Austausch mit den Pflegefachkräften sind dringend erforderlich.

- ☑ Nehmen Sie Ihr Arbeitsmaterial genau in Augenschein: Ist dieses Material für die Zielgruppe geeignet? Wie setze ich es gezielt ein? Können Senioren es gut greifen, ist es deutlich und kontrastreich zu erkennen? Ist es abwaschbar bzw. desinfizierbar, wenn es verschmutzt oder in den Mund gesteckt wird? Ist es stabil oder ist besondere Vorsicht im Umgang damit geboten? Sind das Gewicht und die Beschaffenheit der Kraft Ihrer Teilnehmer angemessen? Birgt es Gefahren in der Handhabung? Kann es verschluckt werden und/oder zu Verletzungen führen?

- ☑ Wählen Sie den passenden Ort für Ihr Vorhaben. Bereiten Sie die Räumlichkeiten gut vor und stellen Sie ausreichend Stühle bereit. Bedenken Sie, Plätze für Rollstuhlfahrer vorzuhalten. Benötigen Sie einen Tisch bzw. eine Arbeitsfläche oder ist ein Stuhlkreis sinnvoll? Stehen Getränke in geeigneten Trinkgefäßen zur Verfügung und liegen die benötigten Materialien bereit? Gehen Sie Ihre Checkliste vor Beginn nochmals durch. Sorgen Sie für ein angenehmes Raumklima (lüften, heizen, klimatisieren, Luft befeuchten ...). Benötigen Sie eine Stromquelle? Ist diese gut zu erreichen? Brauchen Sie einen Wasseranschluss? Findet das Angebot im Tagesraum statt oder brauchen Sie einen geschlossenen (Funktions-)Raum? Gestalten Sie die Räumlichkeiten übersichtlich, eindeutig und ggf. reizarm.

- ☑ Beachten Sie die allgemeinen Sicherheitshinweise, z. B. zum Umgang mit Wasser und Strom. Vermeiden Sie Stolperfallen (Expertenstandard „Sturzprophylaxe"). Sprechen Sie sich mit der Pflege ab und sorgen Sie dafür, dass alle Teilnehmer fertig sind mit dem Essen, dem Toilettengang, der Medikamenteneinnahme und keine (Arzt-)Termine in die Beschäftigungszeit fallen.

- ☑ Entwickeln Sie im Team einen Krisenplan, wie plötzlich auftretende medizinische Notfälle versorgt und behandelt werden, z. B. Herz-Kreislauf-Zusammenbrüche, Stürze, epileptische Anfälle, und wie die Gruppe nach solch einem Ereignis aufgefangen werden kann.
- ☑ Notieren Sie sich Situationen, in denen Sie sich unsicher oder unwohl fühlten. Besprechen Sie diese Situationen in Ihrem Team oder bei Ihrer nächsten Supervision, damit Sie möglichst rasch die erforderliche Sicherheit entwickeln, um mit Spaß und Freude weitere Einzel- und Gruppenstunden durchzuführen.

Die Gruppe

Von einer Gruppe spricht man ab drei teilnehmenden Personen. In der Regel empfiehlt es sich für alle vorgeschlagenen Angebote und Übungen eine Teilnehmerzahl von fünf bis zehn Personen einzuplanen. Alle Übungen enthalten Vorschläge, wie Sie die Angebote mit wenig Aufwand umgestalten können, um unterschiedlich schwer betroffene Teilnehmer einzubeziehen und anzusprechen (Adaptionen). Der Stationsalltag zeigt, dass es nicht immer möglich ist, eine ideale Gruppengröße, Beständigkeit und eine weitestgehend homogene Zusammensetzung (= gleich beschaffen, bezogen auf die Ausprägung der Erkrankungen) zu gewährleisten. Bedenken Sie, dass eine Gruppe verschiedene Charaktere und Meinungen der Teilnehmer in sich vereint. Gestehen Sie Eigenarten zu und versuchen Sie nicht, die Gruppenteilnehmer zu „uniformieren“, jeder hat ein Recht auf Präsenz oder Rückzug, auf rege Teilnahme oder Zurückhaltung.

Durch personelle Ausfälle, durch Krankheit, durch das Versterben oder durch den Neuzugang von Bewohnern sowie durch Zeit- und Platzmangel wird von Ihnen als Betreuungskraft stets eine hohe Flexibilität verlangt. Dies fordert ein großes Maß an Improvisationstalent, Einsatz- und Kompromissbereitschaft.

Machen Sie sich bewusst, dass Sie Ihren Bewohnern ein Angebot machen. Die Teilnahme an den Einzel- und Gruppenbeschäftigungen muss geplant, also in der Pflegeplanung der einzelnen Bewohner verankert, aber immer freiwillig sein! Die Bewohner können Ihre Angebote annehmen oder ablehnen! Die angebotenen Tätigkeiten müssen zu den Interessen und Fähigkeiten der Teilnehmer passen. Hier finden Sie gute Hinweise in der Biografie, im Gespräch mit den Bewohnern und ihren Angehörigen und bei genauer Beobachtung der Teilnehmer auch während der Beschäftigungen.

Allgemeine Hinweise zur Materialausstattung

In diesem Absatz finden Sie eine Auswahl an Materialien und Medien, die Sie für Ihre Arbeit im Bereich der sozialen Betreuung unbedingt vorhalten sollten. Eine gut sortierte und hochwertige Ausstattung ist ein wichtiger Eckpfeiler qualifizierter Arbeit! Dieses Buch legt ein besonderes Augenmerk auf die praxisnahe, leicht anzuwendende und effiziente Hilfestellung bei der Gestaltung Ihrer Arbeit. Unsere Medienauswahl stattet Sie mit gutem Handwerkszeug aus, um allen Anforderungen der hochsensiblen Arbeit mit Demenzkranken, Körperbehinderten und anderweitig gehandicapten Personen gerecht zu werden. Alle empfohlenen Materialien finden das ganze Jahr über wiederholten Einsatz. Sie gehen somit durch viele Hände und müssen daher gewissen Anforderungen im Alltag standhalten. Die Arbeitsmaterialien müssen gut zu reinigen sein, müssen bestimmten Sicherheitskriterien in der Handhabung gerecht werden (TÜV, GS-Siegel), müssen robust sein und vielseitig einsetzbar. Es zahlt sich daher aus, auf gute Qualität zu achten!

Grundausstattung

- Flipchart, Standtafel oder mobiles Whiteboard mit Zubehör, passende Stifte
- Papierschneidemaschine DIN A3, mindestens DIN A4 mit Hebelarm
- Laminiergerät DIN A3, mindestens DIN A4 und passende Folien
- tragbarer CD-Spieler (MP3- und USB-tauglich)
- Overheadprojektor
- Locher
- Tacker
- Lineale
- Bleistifte
- Fineliner
- Magnete
- Radiergummi
- Klarsichthüllen

Kreativmaterial

- Scheren mit abgerundeter Spitze (Anzahl richtet sich nach Gruppenstärke), 5 Linkshänder- und 10 Rechtshänderscheren
- 1 Therapieschere, 2 selbstöffnende Scheren, 1 große Universalschere
- Klebstoff, Patafix (wiederverwendbare, ablösbare Klebepads), Klebeband
- Fingermal-, Acryl- oder Plakafarben in den Tönen Rot, Gelb, Blau, Orange, Lila, Magenta, Braun, Grün, Schwarz und Weiß
- Kopierpapier DIN A4, DIN A3
- Tonpapier, Tonkarton (Farbauswahl wie oben)
- Wollreste, Näh- und Stopfnadeln, festes Garn
- dicke Buntstifte, Filzstifte
- 10 Prickelnadeln und Vliesstücke
- Basteldraht
- Bastelunterlage (Wachstuch)
- 1 Cuttermesser mit Schneidunterlage
- Graupappe
- farbige Karteikarten
- Pinsel, Farbschalen

Spielmaterial

- 20 bunte Jongliertücher, Aufbewahrungsbeutel
- 1 großer Wasserball
- 1 Schaumstoffball
- Tennisbälle
- Ballons, 2 Ballonhüllen
- 1 Hula-Hoop-Reifen
- 2 Seile (etwa 1 m und 3 m lang)
- Bohnensäckchen in verschiedenen Größen und Schweren
- Schwungtuch
- 1 Eimer

Richten Sie in Ihrer Einrichtung einen Materialschrank ein, der für Sie und Ihre Kollegen gut zugänglich und immer ausreichend bestückt ist. Verbrauchtes Material tragen Sie auf eine Liste ein, damit es bei Gelegenheit nachbestellt werden kann. Ein gut bestückter Materialschrank verkürzt die Vor- und Nachbereitungszeiten enorm. Sie erhöhen hierdurch Ihre Arbeitseffektivität und haben mehr Zeit für Ihre Bewohner sowie für die Förderplanung und zur Dokumentation. Ihre Einrichtung kann mit dieser einfachen Anschaffung sogar positiv hervortreten, denn die gute und zuverlässige Ausstattung in der Einrichtung fördert nicht nur die Arbeitsmotivation der Mitarbeiter. Auch die Bewohner und Angehörigen merken, dass „immer alles da ist" und sie versorgt sind.

Farben

Arbeiten Sie mit Farben, so haben sich Fingermalfarben in der Praxis sehr bewährt. Fingermalfarben lassen sich von Haut und Kleidung gut entfernen, sie ähneln in der Konsistenz der Acrylfarbe. Acrylfarben haben eine starke Farbkraft und sind in ihrer Konsistenz cremig-fest. Plakafarben sind flüssiger, fließen daher eher. Beide Farben lassen sich nur sofort auswaschen und bilden Rückstände auf der Kleidung, wenn sie eingetrocknet sind. Achten Sie darauf, dass die Farben ohne bedenkliche Inhaltsstoffe sind. Achten Sie z. B. auf Gütesiegel, wie den Blauen Engel, oder Auszeichnungen von Stiftung Warentest und Ökotest. So stellen Sie sicher, dass die verwendeten Farben qualitativ hochwertig sind und gut decken.

Allgemeine Hinweise zur Dokumentation

Die Dokumentation aller pflegerischen, therapeutischen sowie betreuerischen Maßnahmen und Angebote stellt einen wichtigen Beitrag und eine Pflicht zur Transparenz im Heimalltag dar.

Dokumentieren Sie die Teilnahme der Bewohner an den Angeboten zeitnah. Wichtig sind die genaue Darstellung der Einzelmaßnahmen im Tagesverlauf (Erbringung von Leistungsnachweisen) sowie eine möglichst objektive Berichtserstellung im wöchentlichen Rhythmus bzw. bei Bedarf und besonderen Vorkommnissen. In der ausformulierten Dokumentation muss sich wiederfinden, wie der Bewohner auf einzelne Angebote reagiert (z. B. *„Der Bewohner äußerte, das Singen mache Spaß, sprach von Chorreisen mit seinem Gesangsverein; Bewohner sang nicht mit, aber schunkelte, hörte zu und lachte dabei; lehnte die Teilnahme ab, äußerte, der Gesang sei zu laut; Bewohner fielen alle Strophen ein, sang freudig mit."*). Beobachten Sie Ihre Teilnehmer genau! Hilfreiche Fragestellungen können sein: Wie sind Mimik und Gestik? Decken sich verbale Äußerungen mit der Körpersprache? Gerade bei Bewohnern mit Demenz geben Diskrepanzen in diesem Bereich Aufschluss über das Sprachverständnis bzw. Sprachbarrieren. Gibt es Hinweise auf Schmerzen (z. B. *„Bei Bewegungsübungen der oberen Extremitäten kam es zu: Stöhnen, Kompensationsbewegungen, Schonhaltung, Abwehrverhalten ..., Bewohner machte Ausweichbewegungen"* ...)?

Weicht das Verhalten in der Gruppe von dem in Einzelsituationen ab? Ist der Bewohner besonders zurückgezogen in einem größeren Personenkreis oder sucht der Bewohner Geselligkeit? Wichtig ist, dass Sie auch verdeutlichen, welche Gegenmaßnahmen Sie eingeleitet haben, wie: *„Mit Hilfestellung des Sitznachbarn oder durch die Unterlagerung der Arme mit Kissen konnte der Bewohner teilnehmen."* Oder: *„... trotzdem brach der Bewohner die Teilnahme ab und eine Pflegekraft wurde verständigt ..."*

Bei Auffälligkeiten sollten Sie sich mit den Kollegen aus der Pflege kurzschließen bzw. die Beobachtungen bei der Schichtübergabe, in der Fallbesprechung oder mit der zuständigen Bezugspflegekraft besprechen.

Es muss deutlich werden, wenn sich Krankheitsverläufe abzeichnen, z. B. *„Aufgrund des kognitiven Abbaus ist der Bewohner zusehends schlechter in der Lage, verbale Anleitungen umzusetzen. Es werden ihm daher alle Übungen vorgemacht und er ahmt sie dann nach."*, *„Der Bewohner äußert häufig, erschöpft und müde zu sein. Die Aufmerksamkeitsspanne hat sich in den letzten Wochen deutlich verkürzt. Das Pflegepersonal wurde darüber informiert".*

Allgemeine Hinweise zum Umgang mit Wasser

In einigen Übungen bringen Sie die Teilnehmer mit Wasser in Kontakt. Hierbei sollten Sie einige allgemeine Sicherheitsaspekte beachten:

- ☑ Stellen Sie sicher, dass Feuchtigkeit/Wasser und Elektrizität nicht miteinander in Berührung kommen (Geräte, Lichtschalter, Steckdosen)!
- ☑ Wasser auf dem Fußboden sofort aufnehmen, es besteht Rutschgefahr!
- ☑ Tragen Sie Sorge dafür, dass ein eventueller Wechsel von durchnässter Kleidung durch eine Pflegekraft bzw. Hilfskraft gewährleistet ist!
- ☑ Entsorgen Sie verschmutztes Wasser umgehend, damit dieses nicht versehentlich von Bewohnern verzehrt wird!

Allgemeine Hinweise zum biografischen Gespräch

Die Biografiearbeit ist einer der wichtigsten Aspekte in der Arbeit und dem allgemeinen Umgang mit Demenzkranken! Menschen, die an den verschiedenen Demenzformen erkrankt sind, leben oft in ihren Erinnerungen und ihrer eigenen, inneren Welt. Sie verlieren zunehmend den Bezug zur Gegenwart. Es ist unabdingbar, dass Sie als Betreuungsperson sich auf diese Zeitreisen in die Vergangenheit einlassen und „mitschwingen". Das heißt nicht, dass Sie sich den Stimmungen der Bewohner emotional anschließen sollen, sondern dass Sie die Emotionen wahrnehmen und adäquat darauf reagieren. Die Validation ist hier ein gutes Verfahren. Sie begegnen Ihrem Gegenüber bei dieser Art der Kommunikation offen, wertschätzend und nehmen die emotionale Lage hinter den inhaltlich manchmal sehr verwirrenden, verbalen Äußerungen wahr und geben ihnen Raum. Sie begleiten, trösten und spiegeln diese Emotionen. Dabei müssen Sie inhaltlich nicht unbedingt auf die verbalen Äußerungen eingehen, sondern den Antrieb hinter Verhaltensweisen und Äußerungen der Demenzkranken erkennen und verstehen. So zeigen Sie Ihrem Gegenüber: *„Ich nehme dich ernst und nehme deine Gefühle wahr."*

Die vorgeschlagenen Zeitangaben sind nur Anhaltspunkte, oft ergeben sich bei den Einheiten tolle Gespräche und es findet ein angeregter Austausch zwischen den Teilnehmern statt. Lassen Sie dies zu. Brechen Sie die Gespräche nicht ab, sondern sorgen Sie dafür, dass der Austausch möglich ist. Sie fördern damit die Kommunikationsfähigkeit, das Sprachvermögen, die sozialen Beziehungen und das Wohlbefinden der Beteiligten. Verzichten Sie darauf, Ihr Programm „durchzuziehen".

Mit Übungen, die zeitlich nicht mehr in den Rahmen passen, können Sie z. B. den Beginn der nächsten Einheit gestalten. Eröffnen Sie dann mit Worten wie: *„Ich möchte heute noch einmal an das Thema unseres letzten Treffens anschließen. In dem Gespräch, dass sich dabei entwickelte, habe ich gemerkt, wie wichtig Ihnen die Erinnerungen daran sind."*

Manchmal kommt es vor, dass einzelne Bewohner, selten auch die gesamte Gruppe, anfängt, zu weinen. Dies kann sowohl Freude als auch Traurigkeit bedeuten. Beobachten Sie Ihre Gruppe genau: Werden einzelne Mitglieder still und ziehen sich aus dem Gespräch zurück? Zeigt sich Angst oder Unruhe? Schaut der Bewohner Hilfe suchend um sich oder fängt er sogar an, um Hilfe zu rufen? Bedenken Sie, dass viele der Senioren von tragischen Kriegsgeschehnissen betroffen waren, früh nahe Angehörige verloren haben, auf die Flucht gehen mussten, Hunger, Gewalt, Vergewaltigungen erlebt haben, aber auch familiäre Tragödien ertragen mussten, wie häusliche Gewalt durch die Eltern oder Ehemänner, drakonische Strafen durch Lehrkräfte in der Schulzeit, schwere Arbeitsunfälle durch mangelnde Sicherheitsstandards etc. Wichtig ist die Dokumentation der starken Gefühlsregungen während der Beschäftigungsangebote. Was wurde thematisiert? Bei welchem Auslöser hat der Bewohner übermäßig stark reagiert? Kam es während des Gespräches einmalig zu solch einer heftigen Reaktion und konnten Sie durch Ihren Zuspruch den Kummer lindern, war dies in Ordnung. Wirken diese Reaktionen nach, hat beispielsweise ein Bewohner danach nächtelang Schlafstörungen, ist auffallend unruhig, traurig oder schreit plötzlich in bekannten Situationen um Hilfe, müssen Sie weitere Schritte einleiten. In diesem Fall können traumatische Erlebnisse in Erinnerung getreten sein, die nicht hinreichend bearbeitet werden konnten. Sprechen Sie zuerst mit dem Pflegepersonal und mit den Angehörigen. Die Pflegekraft, vor allem die Bezugspflegekraft, kann ggf. einen Arzt, psychologische Beratung oder einen geistlichen Seelsorger hinzuziehen. Unter Umständen müssen sogar Medikamente dabei helfen, den Bewohner bei der Bewältigung von Angst und Trauer zu unterstützen. Es kann durchaus passieren, dass eines Ihrer Beschäftigungsangebote zu einer solch heftigen Betroffenheit führt. Jedes Gefühl und jede Erinnerung hat seine Berechtigung und macht uns zu dem Menschen, der wir sind. Sie sollten jederzeit hochsensibel sein und die Biografie der Teilnehmer stets bedenken, um niemanden absichtlich in einen seelischen Konflikt zu bringen. Es gibt immer wieder Themen, die einige Bewohner meiden oder bei denen sie in Wut geraten. Gestehen Sie es diesen Personen zu, die Teilnahme abzulehnen, und setzen Sie sie nicht gewollt den „Reizthemen" aus.

Generell gilt es, Demenzkranke in ihrer Wahrnehmung anzuerkennen. Spielen Sie Gefühle nicht herunter, sondern schätzen Sie sie wert. Verbalisieren Sie, was Sie sehen. Hilfreiche Formulierungen können sein:

- ☑ *„Ich sehe, wie traurig Sie sind. Sie haben harte Zeiten durchgemacht."*
- ☑ *„Ihre Hände haben Arbeit gesehen, dass soll Ihnen erst einmal jemand nachmachen."*
- ☑ *„Das war schwer für Sie. Sie mussten sparsam sein und mit so wenigen Mitteln für Ihre Familie sorgen. Das ist eine lobenswerte Leistung."*
- ☑ *„Sie mussten immer stark und für andere da sein, dabei hatte das Leben nicht nur Sonnenseiten für Sie."*
- ☑ *„Es macht Sie mehr als wütend, wie ungerecht das war. Das merke ich Ihnen an."*

Der Umgang mit Freude ist generell weniger dramatisch. Unterstützen Sie auch hier mit Worten, was sie bei Ihren Teilnehmern beobachten:

- ☑ *„Ich freue mich mit Ihnen. Ihr Lachen steckt an."*
- ☑ *„Es ist schön, Sie so fröhlich zu sehen."*
- ☑ *„Da lacht das Herz."*

Zum **Thema Validation** gibt es zahlreiche Veröffentlichungen und Fortbildungen. Sie sollten sich über die Grundhaltung, die Art der Gesprächsführung und des allgemeinen Umgangs mit Patienten in der Gerontopsychiatrie unbedingt weiter informieren. Validation gilt international als Standard in der Arbeit mit Demenzkranken!

Hinweis zur Schreibweise

Lyrische Texte folgen in der Regel der Rechtschreibung, die Autoren festlegen. Es finden sich also bei den hier abgedruckten Gedichten alle Formen der Rechtschreibung: die neue, die bisherige sowie etliche Sonderformen, wie Kleinschreibung bzw. veränderte Zeichensetzung, also eine Vielfalt möglicher Ausdrucksformen.

Einstimmung 5–10 Min.

Der Herbst ist da!

Der Herbst kündigt sich Ende September meist mit Regen und den ersten kräftigen Winden an. Die Tage werden kürzer, langsam wird es wieder früher dunkel und morgens später hell. Diese Jahreszeit war traditionell eine sehr geschäftige Zeit. Unsere Vorfahren mussten sich auf den kommenden Winter vorbereiten, eine karge Zeit damals, die mit vielen Entbehrungen einherging. Sie mussten sich also, so gut es ging, auf die dunkle Jahreszeit einstellen, die Ernte einbringen, Vorräte anlegen, Lebensmittel konservieren, wichtige Reparaturen am Haus erledigen und Holz schlagen.

Schauen Sie gemeinsam mit Ihren Teilnehmern aus dem Fenster: Welche Veränderungen der unmittelbaren Natur deuten auf den Herbstanfang hin? Schauen Sie gemeinsam in den Himmel, können Sie Zugvögel beobachten? Liegen auf der Erde bereits die ersten Blätter? Verfärbt sich das Laub der Bäume, tragen sie Früchte? Schauen Sie in den kommenden Wochen immer wieder genau hin, wie sich die Umwelt im Herbst verändert. Beginnen Sie mit Worten wie: *„Ich möchte heute mit Ihnen über das Thema Herbst sprechen. Dazu wollen wir gemeinsam aus dem Fenster schauen. Erzählen Sie mir, was Sie sehen."* Bringen Sie als Anschauungsmaterial z. B. Hagebutten, Blätter oder Kastanien mit, die die Teilnehmer berühren, beschauen und riechen können.

5–10 Min.
Musik/Singen
Bewegungsübung

„Der Herbst ist ein Geselle“

Material

- Lied *„Der Herbst ist ein Geselle“* (Noten und Text siehe S. 88 im Anhang bzw. Textvorlage ▶ **CD-ROM**, Lied siehe ➔ **Musik-CD**)
- CD-Spieler

Durchführung

Singen Sie gemeinsam das Lied. Leiten Sie z. B. mit den folgenden Worten ein: *„Ich habe Ihnen zum Thema Herbst ein Lied mitgebracht, das ich gern mit Ihnen singen möchte.“*

Adaptionen

Tragen Sie den Lied-Text langsam und akzentuiert als Gedicht vor. Überlegen Sie sich gemeinsam passende Bewegungen, z. B. den Oberkörper wiegen beim Wort *„Brausebasse“* oder mit den Füßen auf den Boden trampeln beim Wort *„stürmt“*.

Ziele

- Pneumonieprophylaxe
- Bewegungsförderung
- Sprachförderung

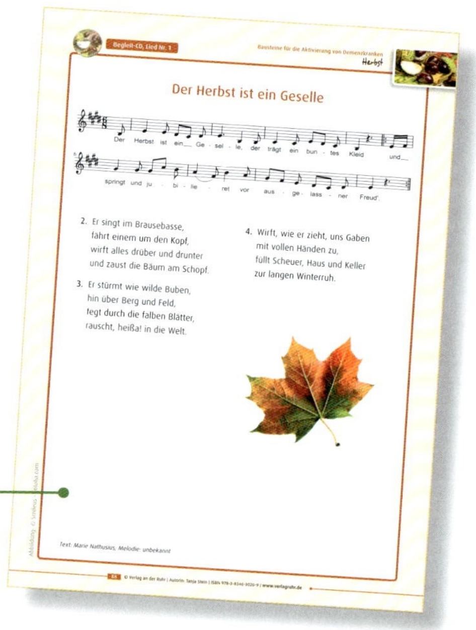
Begleit-CD, Lied Nr. 1

Bausteine für die Aktivierung von Demenzkranken
Herbst

Der Herbst ist ein Geselle

2. Er singt im Brausebasse,
fährt einem um den Kopf,
wirft alles drüber und drunter
und zaust die Bäum am Schopf.

3. Er stürmt wie wilde Buben,
hin über Berg und Feld,
fegt durch die falben Blätter,
rauscht, heißa! in die Welt.

4. Wirft, wie er zieht, uns Gaben
mit vollen Händen zu,
füllt Scheuer, Haus und Keller
zur langen Winterruh.

Text: Marie Nathusius, Melodie: unbekannt

siehe Anhang, Seite 88

10–20 Min.
Gesprächsrunde

Gesprächsrunde zum Thema „Herbstzeit“

Material

- passende Tischdekoration

Durchführung

Sprechen Sie gemeinsam über den Herbst:
Was macht diese Jahreszeit aus?
Welche Besonderheiten hat diese Jahreszeit?
Was mögen Ihre Teilnehmer besonders daran, was ist unliebsam?

Ziele

- Förderung der Kommunikation
- Förderung sozialer Kontakte

5 Min.
Hirnleistungstraining

Welche Pflanzen blühen im Herbst?

Material

- Flipchart und Stifte zum Schreiben
- Abbildungen verschiedener Herbstblumen (siehe Bildkarten auf CD-ROM),
- ggf. geschnittene Blumen

Durchführung

Sammeln Sie gemeinsam die Namen von Blumen und Pflanzen, die im Herbst blühen. Halten Sie die Ergebnisse auf dem Flipchart fest. Sie können passend dazu einige Blumen und Früchte auf dem Tisch arrangieren.

Beispiele:
Herbstanemone, Crysanthemen, Gladiole, Tagetes (Studentenblume), Herbstaster, Dahlie, Fette Henne, Herbstkrokus, Herbstzeitlose, Silberkerze ...

Adaption

Tragen Sie zusätzlich Pflanzennamen zusammen, die jetzt zwar nicht mehr blühen, aber Früchte tragen.

Beispiele:
Kastanie, Hagebutte (Heckenrose), Apfel, Birne, Quitte, Eichel, Schneebeere (Knallerbse), Schlehe, Holunder ...

Ziele

- Förderung der Konzentration
- Trainieren der Merkfähigkeit

5–10 Min.
Hirnleistungstraining

Welche bedeutenden Tage feiern wir im Herbst?

Material

- Flipchart und Stifte zum Schreiben
- eine Bibel, ggf. Deko-Artikel, wie Füllhorn, Halloweenkürbis, Laterne, Karnevalsmaske ...
- ggf. passende Abbildungen (siehe Bildkarten auf CD-ROM)

Durchführung

Im Herbst gibt es einige Anlässe und Feiertage (christliche und weltliche), die je nach Herkunftsregion eine große Rolle im Jahreszeitenzyklus spielten. Sammeln Sie gemeinsam alle Feiertage, die Ihnen einfallen, und halten Sie sie auf dem Flipchart fest.

Beispiele:
Tag der deutschen Einheit (3.10.)
Reformationstag und Halloween (31.10.)
Buß- und Bettag (am Mittwoch vor Totensonntag)
Allerheiligen (1.11.)
Allerseelen (2.11.)
Totensonntag (oder Ewigkeitssonntag),
Erntedankfest
Sankt Martin
Karnevalsanfang (11.11. um 11.11 Uhr)

Ziele

- Erinnerungsvermögen trainieren

15–30 Min.
Biografiearbeit

Feste feiern im Herbst

Durchführung

Leiten Sie aus der vorangegangenen Übung diese Einheit zur Biografiearbeit ab. Sicher werden Sie bereits gemerkt haben, dass es zu einigen Nennungen die ersten Gespräche zwischen den Teilnehmern gab.
Fragen Sie gezielt nach: *„Welche dieser Tage lagen Ihnen besonders am Herzen? Wie wurde dieser Tag/dieser Anlass bei Ihnen gefeiert (im Ort, in der Familie, in der Kirche ...)?“*

Hinweis

Beachten Sie, dass es regionale Unterschiede gab und gibt. Halloween z. B. ist ein Brauch aus England bzw. den USA, der erst seit den 1990er-Jahren in Deutschland gepflegt wird. Ebenso wird der Karnevalsbeginn am 11.11. für Teilnehmer aus Süddeutschland oder dem Rheinland anders belegt sein als für Norddeutsche, die mit Karneval kaum etwas „am Hut haben". Der Reformationstag wird für Protestanten einen anderen Schwerpunkt haben als für Katholiken usw.

Ziele

- Abrufen alter Erinnerungsinhalte
- Auseinandersetzen mit kulturellen Gepflogenheiten

ca. 5 Min.
Lesen

„Herbst"

Material

- Gedicht *„Herbst"* von Detlev von Liliencron (siehe S. 89 im Anhang bzw. Textvorlage auf CD-ROM)
- herbstliche Dekoration, wie Zapfen, Zweige, Kastanien etc.

Durchführung

Tragen Sie das Gedicht langsam und betont vor und lassen Sie die Stimmung wirken. Bedanken Sie sich bei Ihren Teilnehmern für die Beteiligung und wünschen Ihnen einen schönen Herbstanfang.

Abschluss

Dekorieren Sie Ihre Einrichtung herbstlich, z. B. mit Zapfen, getrockneten Zweigen, Kastanien, Eicheln, Herbstblumen etc., und bieten Sie zu den Mahlzeiten saisonale Obst- und Gemüsesorten an, wie Äpfel, Birnen, Kohl, Rüben und Maronen, um den Bewohnern Ihrer Einrichtung ein sinnliches Erleben der Jahreszeit Herbst zu ermöglichen.

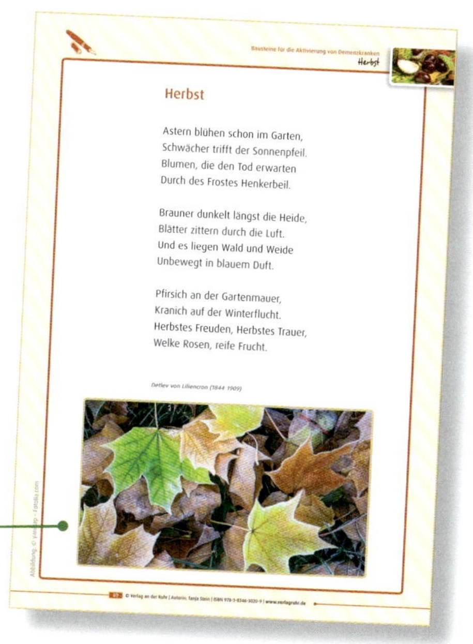

Herbst

Astern blühen schon im Garten,
Schwächer trifft der Sonnenpfeil.
Blumen, die den Tod erwarten
Durch des Frostes Henkerbeil.

Brauner dunkelt längst die Heide,
Blätter zittern durch die Luft.
Und es liegen Wald und Weide
Unbewegt in blauem Duft.

Pfirsich an der Gartenmauer,
Kranich auf der Winterflucht.
Herbstes Freuden, Herbstes Trauer,
Welke Rosen, reife Frucht.

Detlev von Liliencron (1844–1909)

siehe Anhang, Seite 89

Text- und Liedvorschläge auf den Begleit-CDs:

- **Lied:** *„Der Herbst ist ein Geselle"*
  (siehe **Musik-CD**; Noten und Text siehe Anhang bzw. **CD-ROM**)
- **Lied:** *„Ein Männlein steht im Walde"*
  (Noten und Text siehe Anhang bzw. **CD-ROM**)
- **Gedicht:** *„Herbst"*
  (Text siehe Anhang bzw. auf **CD-ROM**)

Einstimmung 5–10 Min.

Wir lieben die Stürme

Der Herbst bringt nicht nur die Ernte, er bringt auch schlechtes Wetter. Neben seiner bunten, geschäftigen hat er auch eine dunkle und trübe Seite. In diesem Kapitel geht es um das Thema Wetter. Gestalten Sie beispielsweise Ihre Einheit an einem nebligen, verregneten oder besonders stürmischen Tag. Bringen Sie als Anschauungsmaterial einen Regenschirm, einen Südwester, ein Barometer oder einen Niederschlagsmesser mit. Sie können ein Windlicht mit einer Kerze aufstellen, um eine besondere Stimmung zu erzeugen. (Lassen Sie diese nicht unbeaufsichtigt!)

Beginnen Sie Ihre Runde z. B. mit folgenden Worten: *„Schauen Sie sich dieses (Mist-)Wetter draußen an! Passend dazu habe ich Ihnen ein paar Dinge mitgebracht, die wir heute gut gebrauchen können.“* Schauen Sie sich gemeinsam das mitgebrachte Material an.

Hinweis

Bedenken Sie, dass bei diesem Thema auch unerwünschte und traurige bzw. schicksalshafte Erinnerungen geweckt werden können. Kälte, Regen und Stürme machten den Menschen früher das Leben schwer und sorgten mit abgedeckten Dächern, umgefallenen Bäumen und Überschwemmungen für so manche tragische Geschichte in der Familie. Sturmfluten, Flüsse, die bei Hochwasser über die Ufer traten und Blitzeinschläge sorgten für arbeitsreiche, schlaflose Nächte und gefährdeten das Familiengut. Besitzgüter gingen verloren, Tiere starben und Menschen gerieten in Gefahr. Geben Sie Raum, wenn ein Teilnehmer über unangenehme und traurige Erlebnisse sprechen möchte. Bieten Sie ggf. ein Einzelgespräch an.

ca. 5 Min.
Lesen

„Der fliegende Robert“

Material

- Bildergeschichte *„Der fliegende Robert“* von Hoffmann von Fallersleben (siehe S. 91–94 im Anhang bzw. Text- und Bildvorlage auf CD-ROM)

Durchführung

Lesen Sie die Geschichte langsam und betont vor. Zeigen Sie anschließend die dazugehörigen Bilder.

Adaptionen

Beschreiben Sie die Bilder:
Was passiert darauf?
Welches Wetter herrscht?
Was trägt Robert für Kleidung?

- Erzählen Sie die Geschichte anhand der Bilder gemeinsam nach.

Ziele

- allgemeine Sprachförderung
- logisches Denken (Chronologie)

Bausteine für die Aktivierung von Demenzkranken
Herbst

Der fliegende Robert

Wenn der Regen niederbraust,
wenn der Sturm das Feld durchsaust,
bleiben Mädchen oder Buben
hübsch daheim in ihren Stuben.
Robert aber dachte: „Nein!
Das muss draußen herrlich sein!“
Und im Felde patschet er
mit dem Regenschirm umher.

Hui, wie pfeift der Sturm und keucht,
dass der Baum sich niederbeugt!
Seht! Den Schirm erfasst der Wind
und der Robert fliegt geschwind
durch die Luft so hoch, so weit;
niemand hört ihn, wenn er schreit.
An die Wolken stößt er schon,
und der Hut fliegt auch davon.

Schirm und Robert fliegen dort
durch die Wolken immerfort.
Und der Hut fliegt weit voran,
stößt zuletzt am Himmel an.
Wo der Wind sie hingetragen,
ja, das weiß kein Mensch zu sagen.

Hoffmann von Fallersleben (1809–1894)

siehe Anhang, Seite 91–94

15–20 Min.
Hirnleistungstraining

Von Gummistiefel bis Regenmantel

Material

- Flipchart und Stifte zum Schreiben
- ggf. passende Abbildungen verschiedener Kleidungsstücke (siehe Bildkarten auf CD-ROM)

Durchführung

Tragen Sie gemeinsam alle Kleidungsstücke zusammen, die im Herbst vor unangenehmen Wettereinflüssen schützen sollen. Sammeln Sie die Ergebnisse auf einem Flipchart.

Adaptionen

- Sammeln Sie die Begriffe in alphabetischer Reihenfolge.
- Arbeiten Sie sich von den Füßen bis zum Kopf vor und finden Sie passende Kleidungsstücke.

Beispiele:
Anorak, Baumwollhemd, Blaumann, Daunenjacke, Fäustlinge, Fleecejacke, Gummistiefel, Halstuch, Handschuhe, Hut, Jacke, Kopftuch, lange Unterhose, Leibchen, Lodenmantel, Mantel, Mütze, Nerzmantel, Nierenwärmer, Ohrenschützer, Ölzeug, Overall, Pullunder, Pulswärmer, Regenmantel, Rollkragenpullover, Schal, Strumpfhose, Stulpen, Sturmhaube, Südwester, Unterhemd, Wachsjacke, Weste, Wollsocken

Ziele
- Gedächtnistraining

ca. 5 Min.
Singen

„Wir lieben die Stürme"

Material
- Lied *„Wir lieben die Stürme"* (Noten und Text siehe S. 95 im Anhang bzw. CD-ROM, Lied siehe Musik-CD)

Durchführung
Leiten Sie zum Singen beispielsweise mit folgenden Worten über: *„Viele von Ihnen kennen bestimmt das folgende Lied, das ich für uns ausgesucht habe. Es ist ein Seemannslied, das von Stürmen auf hoher See handelt und gut zu unserem Thema ‚Wetter' passt."* Singen Sie gemeinsam das Lied.

Ziele
- Erinnern alter Liedtexte
- Förderung der sozialen Gemeinschaft
- Pneumonieprophylaxe

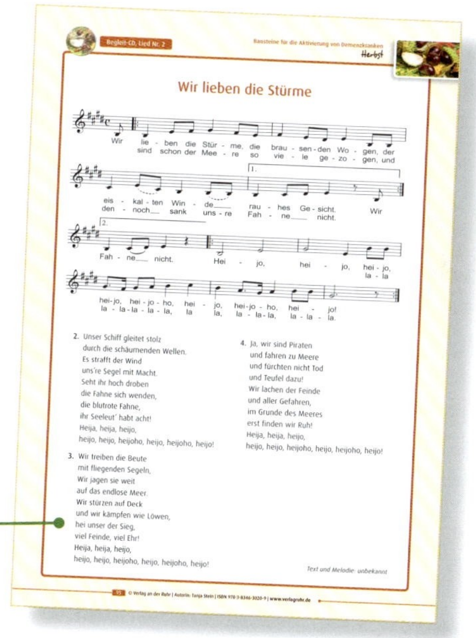

siehe Anhang, Seite 95

10–15 Min.
Bewegungsspiel

Wind und Wogen

Material

- Jongliertücher oder Schwungtuch
- Ball
- ggf. CD-Spieler und passende Musik zum Thema „Wetter“ und „Jahreszeiten“

Durchführung

Für diese Übung bietet sich ein Stuhlkreis an. Jeder Teilnehmer nimmt sich ein Tuch in selbst gewählter Farbe. Bewegen Sie sich mit den Tüchern und stellen Sie verschiedene Wetterlagen dar.
Erläutern Sie die Spielidee: *„Ich möchte mit den Tüchern verschiedene Wetterarten darstellen. Wir denken uns gemeinsam Bewegungen aus, die dazu passen.“*

Beispiele:

lauer Wind .... sanftes Wiegen mit dem Tuch
stärkerer Wind .... schnelles Wedeln
tief stehende Sonne .... Tuch schützend vor die Augen halten
Windböen .... Tuch in die Luft werfen
Regen .... Tuch über dem Kopf ausbreiten oder in kleinen Bewegungen hoch und runter schwenken
Nebel .... Tuch vor die Augen halten und den Kopf recken

Adaptionen

- Wählen Sie ein Schwungtuch, wenn Sie eines zur Verfügung haben, das Sie gemeinsam in Bewegung setzen.
- Spielen Sie wahlweise eine passende Musik ein (z. B. *„Die vier Jahreszeiten“* von Vivaldi).
- Erzählen Sie eine Geschichte (siehe Einheit unten *„Herr Wind reist geschwind“*), zu der Sie sich bewegen.

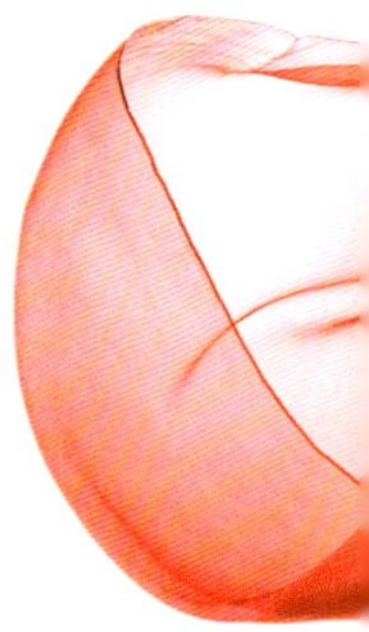

Ziele

- Mobilisation
- Bewegungsfreude erfahren

ca. 10 Min.
Bewegungsspiel

„Herr Wind reist geschwind“

Material

- Jongliertücher

Ziele

- Bewegungsförderung
- Fantasie anregen

Durchführung Führen Sie diese Übung am besten im Stuhlkreis durch. Erzählen Sie Ihren Teilnehmern die Geschichte und machen Sie die Bewegungen vor. Machen Sie nach jedem Satz eine kurze Pause und führen die Bewegungsübung noch ein paar Sekunden durch, bis Sie weiterlesen.

Herr Wind reist geschwind

Herr Wind ist ein lustiger Gesell *(Zuwinken)*.

Mal geht er still und heimlich auf die Reise und bleibt fast unbemerkt *(sanftes Wiegen, zartes Pusten)*, zieht sacht durch die Straßen und bewegt kaum ein Blatt.

An anderen Tagen wiederum kann sich kaum ein Mensch auf den Beinen halten, begegnet er ihm *(starke Rumpfbewegungen, Tücher wedeln, starkes Pusten)*.

Er fegt durch die Straßen und kümmert sich nicht um Baum noch Haus.

Er fegt Pfannen von den Dächern und reißt Äste von den Bäumen.

Er wirbelt Staub in wilden, wirbelnden Hosen auf *(Tuch vor dem Körper oder über dem Kopf kreisen)*.

Er ist bekannt als Freund der Kinder, hebt ihre Drachen in die Lüfte *(Schwungbewegungen nach oben)* und holt Kastanien von den Bäumen.

Den Tanz mit den Blättern liebt Herr Wind besonders *(an die Hände fassen und wiegen oder freie Bewegungen mit den Tüchern)*.

Er wiegt sich mit ihnen, lässt sie in die Lüfte gleiten und wieder zur Erde sinken *(Tücher hochwerfen, in große Bewegungen weit nach oben und unten ausholen)*.

Herr Wind ist ein unbeständiger Reisender, taucht mal hier auf, mal dort *(Tuch an den Nachbarn weitergeben oder abwechselnd in den Händen die Tücher schwenken)* und bleibt nie lang am selben Ort.

Und hat er genug gesehen von der Welt, dann legt er sich nieder und ruht sich aus *(Tücher auf dem Boden oder dem Schoß ablegen)*.

Abschluss Schließen Sie die Einheit ab, indem Sie sich für die Teilnahme bei Ihren Bewohnern bedanken. Fragen Sie die Bewohner abschließend nach der Wetterprognose der nächsten Tage und wünschen Sie einen schönen Tag.

Text- und Liedvorschläge auf den Begleit-CDs:

- **Lied:** *„Wir lieben die Stürme"*
  (siehe ➔ **Musik-CD**; Noten und Text siehe Anhang bzw. ▶ **CD-ROM**)
- **Bildergeschichte:** *„Der fliegende Robert"*
  (Text und Bilder siehe Anhang bzw. auf ▶ **CD-ROM**)

Weitere Vorschläge *(nicht im Material enthalten)*:

- **Musik:** *„Die vier Jahreszeiten"* von Antonio Vivaldi
- **Lied:** *„Eine Seefahrt, die ist lustig"*

Einstimmung ca. 5 Min.

„Hoch auf dem gelben Wagen"

Von Spätsommer bis Herbst ist bei uns traditionell Erntezeit. Vom Apfel bis zur Zuckerrübe werden Obst, Gemüse und Getreide eingefahren, um Silos, Scheunen und Vorratskeller zu füllen. Geben Sie Ihren Teilnehmern mit den folgenden Übungen Anregungen, sich diese Zeit ins Gedächtnis zu rufen, und gestalten Sie ein abwechslungsreiches Programm zum Thema Erntezeit.

Bringen Sie zu diesem Thema passendes Anschauungsmaterial mit, wie frische, saisonale Obst- und Gemüsesorten oder Getreideähren. Gerne dürfen Sie Obst- und Gemüseschnitze als Snack in die Runde reichen. Das Thema Ernte wird grad in ländlichen Regionen einen sehr großen Stellenwert in der Biografie der Teilnehmer eingenommen haben. Schwere körperliche Arbeit, aber auch die Erleichterung darüber, die Früchte der harten Arbeit im wahrsten Sinne des Wortes endlich ernten zu können, werden Ihre Teilnehmer als Themen sicherlich gut nachvollziehen können.

5 Min.
Musik/Singen

„Hoch auf dem gelben Wagen"

Material

- Lied *„Hoch auf dem gelben Wagen"* (Noten und Text siehe S. 96 im Anhang bzw. **CD-ROM**)
- ggf. Rhythmusinstrumente

Durchführung

Stimmen Sie sich mit diesem Lied gemeinsam auf das Thema Ernte ein.

Adaption

Laden Sie Ihre Teilnehmer ein, den Takt mitzuklatschen oder verteilen Sie Rhythmusinstrumente, wie Rasseln oder Klanghölzer, und bringen Sie damit „Bewegung ins Spiel".

siehe Anhang, Seite 96

Bausteine für die Aktivierung von Demenzkranken
Herbst

Hoch auf dem gelben Wagen

Hoch auf dem gel - ben Wa - gen, sitz ich beim Schwa - ger vorn. Vor-wärts die Ros - se tra - ben, lus - tig schmet-tert das Horn. Ber - ge, Tä - ler und Au - en, leuch-ten-des Äh - ren - gold. Ich möch - te so ger - ne noch schau - en, A - ber der Wa - gen, der rollt.

2. Flöten hör ich und Geigen,
lustiges Bassgebrumm,
junges Volk im Reigen
tanzt um die Linde herum.
Wirbelnde Blätter im Winde,
es jauchzt und lacht und tollt.
Ich bliebe so gern bei der Linde,
Aber der Wagen, der rollt.

3. Postillon in der Schenke
füttert Rosse im Flug,
schäumendes Gerstengetränke
reicht uns der Wirt im Krug.
Hinter den Fensterscheiben
lacht ein Gesichtchen gar hold.
Ich möchte so gerne noch bleiben,
Aber der Wagen, der rollt.

4. Sitzt einmal ein Gerippe
hoch auf dem Wagen vorn,
hält statt der Peitsche die Hippe,
Stundenglas statt Horn.
Sag ich: Ade, nun, ihr Lieben,
die ihr nicht mitfahren wollt.
Ich wäre so gern noch geblieben,
Aber der Wagen, der rollt.

Hoch auf dem gelben Wagen
Musik: Heinz Höhne; Text: Rudolf Baumbach
© 1923 by Richard Birnbach GmbH & Co. KG

96 © Verlag an der Ruhr | Autorin: Tanja Stein | ISBN 978-3-8346-3020-9 | www.verlagruhr.de

Ziele

- Erinnern alter Liedtexte
- Pneumonieprophylaxe
- Rhythmisierung

Bastelanleitung „Rhythmus-Eier"

Die im Handel erhältlichen Rhythmus-Eier können Sie ganz schnell und preiswert selber bauen. Bereiten Sie dies vor oder gestalten Sie eine Einheit, in der Sie diese gemeinsam mit Ihren Bewohnern herstellen.

Material

- leere Filmdosen oder Innenleben von Überraschungseiern
- Reis oder feiner Kies
- Klebstoff (z. B. Alleskleber oder schnell härtender Zwei-Komponenten-Kleber)

So geht's

Füllen Sie die Filmdosen oder Plastikeier etwa zu einem Drittel mit Reis oder feinem Kies (z. B. Aquariumkies). Sie können auch andere Füllmaterialien nehmen, um die Klangfarbe der Instrumente zu verändern. Kleben Sie die Deckel bzw. Hälften dann zusammen und lassen Sie den Kleber aushärten.

Zeitaufwand der Herstellung:
je nach Menge 5–15 Minuten plus Trocknungszeit (Verarbeitungshinweise und Trocknungszeit entnehmen Sie bitte der Herstellerangabe des Klebstoffs.)

ca. 15 Min.
Hirnleistungstraining

Von der Sense zum Mähdrescher

Material

- Flipchart und Stifte zum Schreiben
- ggf. passende Abbildungen (siehe Bildkarten auf CD-ROM)

Durchführung

Sammeln Sie gemeinsam Begriffe und Assoziationen, die mit der Ernte in Verbindung stehen. Das können beispielsweise Werkzeuge und Maschinen sein, aber auch freie Assoziationen Ihrer Teilnehmer zu diesem Oberthema.

Beispiele:
Acker, Bauer, dreschen, Eimer, Gespann, Getreide, Hacke, Heuschober, Kartoffeln, Knecht, Magd, mähen, Mühle, Müller, Ochsen, Pferde, pflücken, Reisig, Scheune, Taue, Trauben, Unkraut, Ungeziefer, Weizen ...

Ziele

- abstraktes Denken fördern
- Gedächtnistraining
- Konzentration fördern

5 Min.
Lesen

„Die Grille und die Ameise"

Material

- Fabel *„Die Grille und die Ameise"* von Jean de La Fontaine (siehe S. 97 im Anhang bzw. Textvorlage auf CD-ROM)

Durchführung

Lesen Sie den Text langsam und betont vor. Greifen Sie die moralischen Botschaften des Gedichtes in der nachfolgenden Übung auf und sprechen Sie über das Verhalten beider Tiere.

Ziele

- Förderung der auditiven Wahrnehmung
- Förderung der Konzentration

siehe Anhang, Seite 97

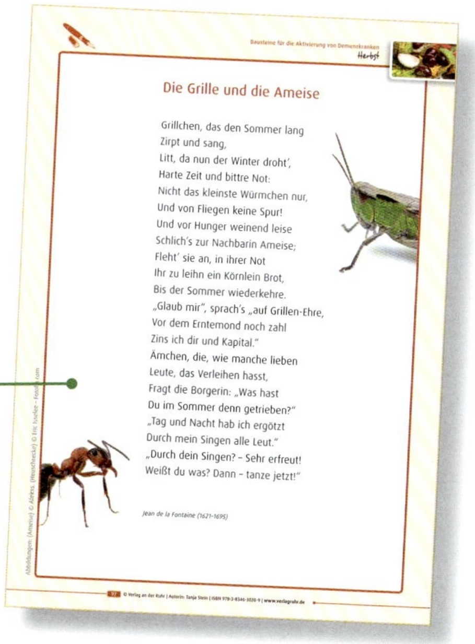

Bausteine für die Aktivierung von Demenzkranken
Herbst

Die Grille und die Ameise

Grillchen, das den Sommer lang
Zirpt und sang,
Litt, da nun der Winter droht',
Harte Zeit und bittre Not:
Nicht das kleinste Würmchen nur,
Und von Fliegen keine Spur!
Und vor Hunger weinend leise
Schlich's zur Nachbarin Ameise;
Fleht' sie an, in ihrer Not
Ihr zu leihn ein Körnlein Brot,
Bis der Sommer wiederkehre.
„Glaub mir", sprach's „auf Grillen-Ehre,
Vor dem Erntemond noch zahl
Zins ich dir und Kapital."
Ämchen, die, wie manche lieben
Leute, das Verleihen hasst,
Fragt die Borgerin: „Was hast
Du im Sommer denn getrieben?"
„Tag und Nacht hab ich ergötzt
Durch mein Singen alle Leut."
„Durch dein Singen? – Sehr erfreut!
Weißt du was? Dann – tanze jetzt!"

Jean de la Fontaine (1621-1695)

97 © Verlag an der Ruhr | Autorin: Tanja Stein | ISBN 978-3-8346-3020-9 | www.verlagruhr.de

10–15 Min.
Hirnleistungstraining

„Was du heute kannst besorgen …“

Material

- Flipchart und Stifte zum Schreiben
- Fabel *„Die Grille und die Ameise“* von Jean de La Fontaine (siehe S. 97 im Anhang bzw. Textvorlage auf CD-ROM)

Durchführung

Finden Sie in Anlehnung an die Fabel *„Die Grille und die Ameise“* (Textvorlage siehe Anhang S. 97 oder CD-ROM) passende Sprichwörter. Sprechen Sie dafür zuerst über das Gedicht.
Was unterscheidet die Ameise von der Grille? Finden Sie Attribute, die für Ameise bzw. Grille stehen, um daraus die Sprichwörter und Redensarten abzuleiten.

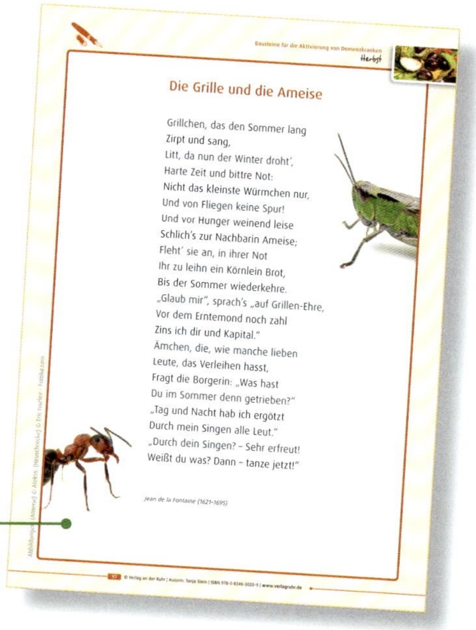
Bausteine für die Aktivierung von Demenzkranken
Herbst

Die Grille und die Ameise

Grillchen, das den Sommer lang
Zirpt und sang,
Litt, da nun der Winter droht',
Harte Zeit und bittre Not:
Nicht das kleinste Würmchen nur,
Und von Fliegen keine Spur!
Und vor Hunger weinend leise
Schlich's zur Nachbarin Ameise;
Fleht' sie an, in ihrer Not
Ihr zu leihn ein Körnlein Brot,
Bis der Sommer wiederkehre.
„Glaub mir", sprach's „auf Grillen-Ehre,
Vor dem Erntemond noch zahl
Zins ich dir und Kapital."
Ämchen, die, wie manche lieben
Leute, das Verleihen hasst,
Fragt die Borgerin: „Was hast
Du im Sommer denn getrieben?"
„Tag und Nacht hab ich ergötzt
Durch mein Singen alle Leut."
„Durch dein Singen? – Sehr erfreut!
Weißt du was? Dann – tanze jetzt!"

Jean de la Fontaine (1621–1695)

siehe Anhang, Seite 97

<u>Beispiele:</u>

fleißig – faul

- Auf die faule Haut legen
- Ohne Fleiß kein Preis
- Faule Leute haben lange Tage
- Spät nieder, spät auf ist aller faulen Leute Brauch
- Langes Fädchen, faules Mädchen
- Eine fleißige Hausfrau ist die beste Sparbüchse
- Fleißiger Spaten ist immer blank
- Fleißiger Herr macht fleißige Diener

arbeiten – faulenzen

- Arbeiten bringt Brot, faulenzen Hungersnot
- Abends wird der Faule munter
- Erst die Arbeit, dann das Vergnügen
- Faulheit ist der Schlüssel zur Armut
- Arbeit hat allezeit Vorrat

emsig – abwartend

- Was du heute kannst besorgen, das verschiebe nicht auf morgen
- Kommt Zeit, kommt Rat
- Morgen, morgen, nur nicht heute, sprechen alle faulen Leute

sparsam – verschwenderisch

- Spare in der Zeit, dann hast du in der Not
- Arbeiten und Sparen macht reiche Knechte
- Auf Sparen folgt Haben

Ziele

- Gedächtnistraining
- Assoziationsfähigkeit beüben

Abschluss Schließen Sie die Einheit mit einem gemeinsamen Lied ab, wie z. B. *„Hejo, spann den Wagen an"* (Noten und Text siehe S. 101 im Anhang bzw. ▶ CD-ROM, Lied siehe ➲ Musik-CD)

Adaption Teilen Sie die Sänger in zwei Gruppen auf und stimmen Sie einen Kanon an. Singen Sie gemeinsam drei Durchgänge der Strophe.

Text- und Liedvorschläge auf den Begleit-CDs:

- **Lied:** *„Hoch auf dem gelben Wagen"*
- **Lied:** *„Hejo, spann den Wagen an"*
- **Lied:** *„Hab mein Wage vollgelade"*
  (siehe ➲ **Musik-CD**; Noten und Texte siehe Anhang bzw. ▶ **CD-ROM**)
- **Gedicht:** *„Die Grille und die Ameise"*
  (Textvorlage siehe Anhang bzw. ▶ **CD-ROM**)

Einstimmung ca. 5 Min.

Wir füllen die Vorratskammer – von Apfel, Birne und Traube

Der Obst- und Weinanbau ist in vielen Teilen Deutschlands ein wichtiger Wirtschaftsfaktor. Mosel, Pfalz und Rheinland sind bekannt für ihre Weine aus heimischen Trauben, das alte Land für seine Äpfel und Produkte daraus, viele Familien haben Obstbäume im Garten und Gemeinden haben für ihre Bewohner Streuobstwiesen angelegt, auf denen das Obst kostenlos geerntet werden darf. Einheimische Obstsorten, wie Heidelbeeren, Äpfel, Birnen, Himbeeren und Brombeeren, werden frisch gepflückt auf Märkten angeboten oder in der heimischen Küche direkt aus dem Garten weiterverarbeitet. Früher war das Einmachen, Lagern und Verarbeiten von selbst angebauten Früchten wichtiger Bestandteil in den Familien, das nicht nur die Haushaltskasse schonte, sondern die Versorgung mit vitamin- und abwechslungsreichen Nahrungsmitteln in der kalten Jahreszeit sicherte. Die Vielfalt und ständige Versorgung mit frischem Obst aus aller Herren Länder gab es bis vor wenigen Jahrzehnten nicht und besonders die Bewohner aus den Bundesländern der ehemaligen DDR mussten diesen Mangel mit Selbstversorgung und Einfallsreichtum kompensieren. Bringen Sie als Anschauungsmaterial zu den folgenden Einheiten verschiedene Obstsorten bzw. passende Bildkarten und typische Utensilien, wie Weckglas, Rumtopf und Kochtopf, mit.

10 Min.
Lesen

„Herr von Ribbeck auf Ribbeck im Havelland“

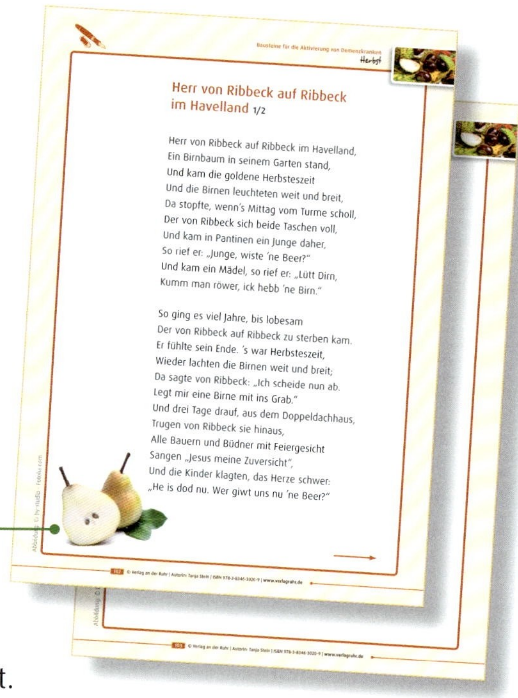
Herr von Ribbeck auf Ribbeck im Havelland 1/2

Herr von Ribbeck auf Ribbeck im Havelland,
Ein Birnbaum in seinem Garten stand,
Und kam die goldene Herbsteszeit
Und die Birnen leuchteten weit und breit,
Da stopfte, wenn's Mittag vom Turme scholl,
Der von Ribbeck sich beide Taschen voll,
Und kam in Pantinen ein Junge daher,
So rief er: „Junge, wiste 'ne Beer?“
Und kam ein Mädel, so rief er: „Lütt Dirn,
Kumm man röwer, ick hebb 'ne Birn.“

So ging es viel Jahre, bis lobesam
Der von Ribbeck auf Ribbeck zu sterben kam.
Er fühlte sein Ende. 's war Herbsteszeit,
Wieder lachten die Birnen weit und breit;
Da sagte von Ribbeck: „Ich scheide nun ab.
Legt mir eine Birne mit ins Grab.“
Und drei Tage drauf, aus dem Doppeldachhaus,
Trugen von Ribbeck sie hinaus,
Alle Bauern und Büdner mit Feiergesicht
Sangen „Jesus meine Zuversicht“,
Und die Kinder klagten, das Herze schwer:
„He is dod nu. Wer giwt uns nu 'ne Beer?“

siehe Anhang, Seite 102/103

Material
Gedicht *„Herr von Ribbeck auf Ribbeck im Havelland“* von Theodor Fontane
(siehe S. 102/103 im Anhang bzw. Textvorlage auf ▶ CD-ROM)

Durchführung
Lesen Sie das Gedicht langsam und betont vor. Lesen Sie die erste Strophe oder den ganzen Text ein zweites Mal vor, um den Teilnehmern ein Mitsprechen zu ermöglichen.

Adaption
Kommen Sie gemeinsam ins Gespräch über den Inhalt des Textes. Tragen Sie chronologisch zusammen, was in der Geschichte passiert. Was war das Anliegen des Herrn von Ribbeck? Welche Eigenschaften zeichneten ihn im Gegensatz zu seinem Sohn aus?

Ziele
- Sprachförderung
- Förderung der Konzentration

10 Min.
Hirnleistungstraining

Rumtopf, Obstler und Marmelade

Material
- Flipchart und Stifte zum Scheiben
- ggf. passende Abbildungen (siehe Bildkarten auf ▶ CD-ROM)

Durchführung
Tragen Sie in dieser Übung zusammen, welche Arten der Konservierung und Verarbeitung Ihre Teilnehmer aus ihrer Vergangenheit kennen. Sammeln Sie die Nennungen auf dem Flipchart.

Beispiele:
Einkochen und Einwecken, Trocknen, Einfrieren, Entsaften, Einlegen, Backen, Schnaps brennen, Marmelade kochen, Suppe kochen, Räuchern und Pökeln von Fleisch und Fisch

Ziele
- Langzeitgedächtnis aktivieren
- soziale Teilhabe fördern
- Kommunikation fördern

20–30 Min.
Biografiearbeit

Kochen, Backen, selber machen

Material

- Anschauungsmaterial, wie Kochlöffel, Kochtopf ...

Durchführung

Leiten Sie aus der vorangegangenen Übung eine Gesprächsrunde ab. Folgende Fragen können Sie Ihren Teilnehmern als Anregung geben:

- Wie wurde in den Familien konserviert und wer vermittelte die Fertigkeiten dazu (Großeltern, Eltern, Nachbarn, Schule ...)?
- Welche Utensilien brauchte man dazu?
- Wie sah der Weg vom Ernten bis zum fertigen Produkt aus, wer hatte welche Aufgaben? Welche Arbeit war besonders beliebt, welche war unbeliebt?
- Zu welchen Anlässen wurden die Vorräte aufgetischt?
- Welche Leckerei war bei den Kindern besonders beliebt?

Ziele

- Bezug zur Biografie der Teilnehmer herstellen
- Förderung der Kommunikation
- Erinnerungsinhalte aus dem Langzeitgedächtnis abrufen

ca. 75 Min.
Hauswirtschaft

Wir backen einen Apfelkuchen

Material

- geeigneter Arbeitsraum
- Messer und Schneidunterlagen (entsprechend der Teilnehmerzahl)
- Apfelschneider
- Messbecher, Küchenwaage
- 2 große Rührschüsseln
- Rührgerät mit Schlegeln
- Teigschaber
- Esslöffel
- Backblech, Backpapier
- Behälter für Kompostabfälle

Grundrezept für ein Kuchenblech

Durchführung

Zutaten:

- 6 mittelgroße Äpfel
- Zitronensaft
- 200 g weiche Butter oder Margarine
- 200 g Zucker
- 300 g Mehl
- 3 Päckchen Vanillezucker
- 4 Eier (Größe M)
- 2 Esslöffel Zucker-Zimt-Gemisch
- ggf. Vanillesoße, Schlagsahne

Zeit/Vorbereitung:

- Einkauf planen und durchführen (einen Tag vorher)
- Vorbereitung der Arbeitsplätze etwa 10 Min.
- Äpfel waschen, schälen, schneiden etwa 20 Min.
- Arbeitsplätze reinigen und aufräumen
- Zubereitung des Rührteigs etwa 15 Min.
- Backzeit etwa 30 Min., währenddessen Nachbereitung

Teilnehmerzahl: 4–6

Richten Sie gemeinsam die Arbeitsplätze ein.
Schälen, entkernen und schneiden Sie die Äpfel gemeinsam in dünne Monde. Beträufeln Sie sie mit etwas Zitronensaft, damit die Stücke an der Luft nicht braun werden. Decken Sie das Obst ab und stellen es zur Seite. Säubern Sie die Arbeitsplätze vor dem nächsten Arbeitsschritt.

Messen Sie die Zutaten ab. Geben Sie die weiche Butter/Margarine zusammen mit dem Zucker, dem Vanillin und den Eiern in die Rührschüssel und schlagen Sie eine homogene Masse auf. Geben Sie nach und nach das Mehl mit dem Backpulver hinzu.
Geben Sie den fertigen Rührteig auf das mit Backpapier ausgelegte Backblech und streichen Sie ihn glatt. Belegen Sie den Teig mit den Apfelstücken und streuen Sie das Zucker-Zimt-Gemisch darüber.

Backzeit:
etwa 30 Minuten bei 180 Grad Umluft oder 200 Grad Ober-/Unterhitze (Backofen vorgeheizt)
Die Backzeit variiert, bitte beobachten Sie den Backvorgang und machen Sie ggf. eine Messerprobe (wenn kein „nasser“ Teig am Messer kleben bleibt und die Oberfläche goldbraun ist, ist der Kuchen fertig).
Während des Backvorgangs räumen Sie gemeinsam die Arbeitsplätze auf. Sie können in der Wartezeit z. B. auch gemeinsam singen oder den Tisch für die Kaffeetafel eindecken.

Lassen Sie den Kuchen etwas abkühlen und servieren Sie ihn am besten lauwarm mit Schlagsahne oder Vanillesoße.

Ziele

- hauswirtschaftliche Fähigkeiten beüben und bewahren
- sensomotorische Förderung
- Geselligkeit fördern
- olfaktorische und gustatorische Sinnesförderung
- Handlungsplanung beüben

Hinweis

Das Hantieren mit Werkzeugen aller Art bedarf einer guten Koordination (Auge-Hand, Hand-Hand) sowie einer guten Praxie (Handlungsplanung). Sie müssen während der Planung des Angebots abschätzen, welche Bewohner in der Lage sind, mit Küchenmesser, Schäler, Apfelschneider etc. umzugehen, und an wen Sie welche Aufgabe verteilen. Bedenken Sie: Es besteht ein erhöhtes Verletzungsrisiko, auch wenn ihre Teilnehmer seit frühester Kindheit mit den Utensilien umgehen und viele der Arbeitsabläufe seit vielen Jahren automatisiert sind.

Im Zuge des demenziellen Abbaus kann es zur Agnosie kommen, sodass eigentlich bekannte Gegenstände und ihre Funktion nicht mehr erkannt werden können. Auch die verbale Anweisung „Das ist ein Messer zum Schneiden.“ kann dann nicht umgesetzt werden.

Beachten Sie beim Umgang mit Nahrungsmitteln die Hygienerichtlinien des HACCP-Konzeptes!

5 Min.

Singen

„Spannenlanger Hansel, nudeldicke Dirn“

Material

- Lied *„Spannenlanger Hansel, nudeldicke Dirn“* (Noten und Text siehe S. 104 im Anhang bzw. ▶ **CD-ROM**, Lied siehe ➔ **Musik-CD**)
- CD-Spieler

Durchführung

Singen Sie zum Abschluss Ihrer Einheit gemeinsam das Lied.

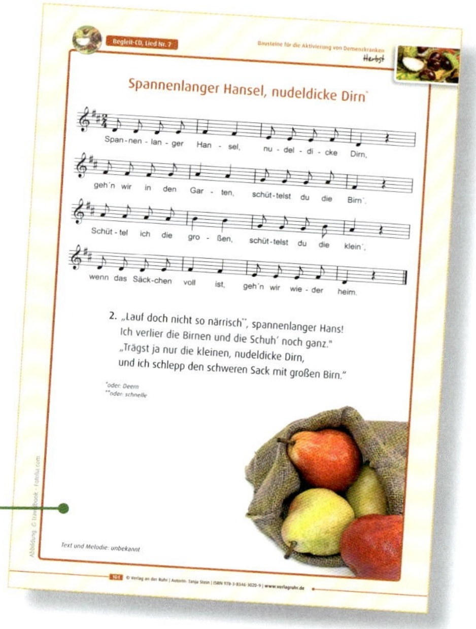

Begleit-CD, Lied Nr. 7 — Bausteine für die Aktivierung von Demenzkranken — Herbst

Spannenlanger Hansel, nudeldicke Dirn*

Span-nen-lan-ger Han-sel, nu-del-di-cke Dirn, geh'n wir in den Gar-ten, schüt-telst du die Birn'. Schüt-tel ich die gro-ßen, schüt-telst du die klein', wenn das Säck-chen voll ist, geh'n wir wie-der heim.

2. „Lauf doch nicht so närrisch**, spannenlanger Hans!
Ich verlier die Birnen und die Schuh' noch ganz.“
„Trägst ja nur die kleinen, nudeldicke Dirn,
und ich schlepp den schweren Sack mit großen Birn.“

*oder: Deern
**oder: schnelle

Text und Melodie: unbekannt

siehe Anhang, Seite 104

Adaption

Denken Sie sich Bewegungen aus, die zu dem Liedtext passen.

Beispiele:

Spannenlanger Hansel . . . . . . Arme über den Kopf heben, groß machen
Nudeldicke Deern. . . . . mit den Händen um den Bauch fassen
gehen . . . . mit den Füßen auf der Stelle gehen
pflücken . . . . in die Luft greifen
groß/klein. . . . . mit den Händen große und kleine Birnen formen
heimgehen . . . . Arme schwenken, auf der Stelle gehen

Ziele

- Geselligkeit fördern
- Pneumonieprophylaxe
- Abrufen alter Liedtexte
- Bewegungsförderung

Liedvorschläge auf der Begleit-CD:

- **Lied:** *„Spannenlanger Hansel, nudeldicke Dirn“*
- **Lied:** *„Es klappert die Mühle“*

(siehe ➔ **Musik-CD**; Noten und Texte siehe Anhang bzw. ▶ **CD-ROM**)

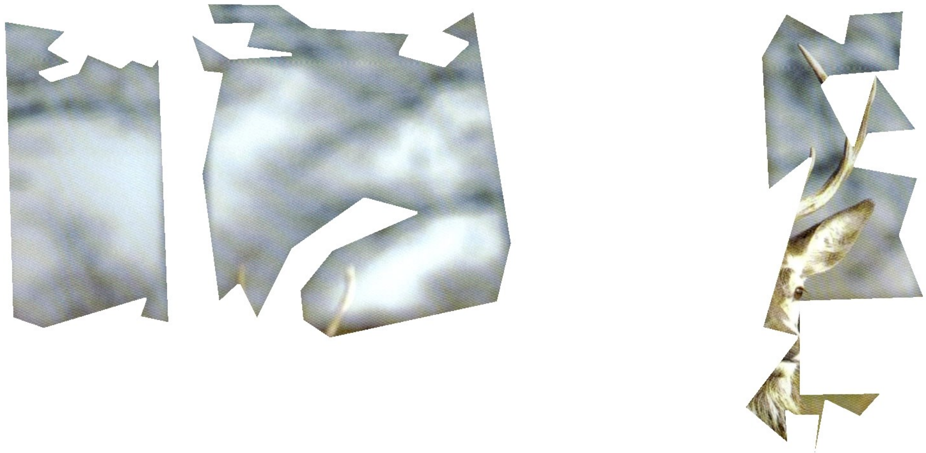

Einstimmung

ca. 5 Min.

Jagdfieber

Die Jagd spielt in der Evolutionsgeschichte des Menschen eine wichtige Rolle. Heute sichert die Jagd den gesunden Bestand von Tieren und Pflanzen und hat eine große sportliche Komponente. Der Wildbestand wird vom Jäger bzw. Förster in unseren Wäldern reguliert, um dafür zu sorgen, dass Krankheiten sich unter den Tieren nicht vermehrt ausbreiten, Pflanzen geschont werden und alle Tiere genug Nahrung finden. Der Mensch profitiert auch heute noch von dem Fleisch, den Fellen und dem Leder der Tiere.

Geweihe sind beliebte Trophäen und Tierpräparate finden sich in naturkundlichen Sammlungen und Museen sowie in den Biologiesammlungen von Schulen und Universitäten. Der Jagdschein (in Österreich und der Schweiz: Jagdkarte oder Jagdpatent) setzt eine bestandene Jagdprüfung voraus, die verschiedene Bereiche der Sachkunde und eine praktische Ausbildung beinhaltet. Bringen Sie Bildkarten zum Thema Jagd mit und Materialien, wie Tierpräparate, Horn oder Geweih, mit denen Sie das Thema einleiten.

ca. 5 Min.
Musik/Singen

„Ein Jäger aus Kurpfalz“

Material

- Lied *„Ein Jäger aus Kurpfalz“* (Noten und Text siehe S. 105 im Anhang bzw. ▶ **CD-ROM**, Lied siehe ➲ **Musik-CD**)
- CD-Spieler

Durchführung

Fangen Sie beispielsweise mit folgenden Worten an: *„Ich habe ein Lied für uns ausgewählt, dass Sie sicher alle aus der Vergangenheit kennen. Das Lied greift unser heutiges Thema, die Jagd, auf.“*
Singen Sie zur Einstimmung das Lied gemeinsam.

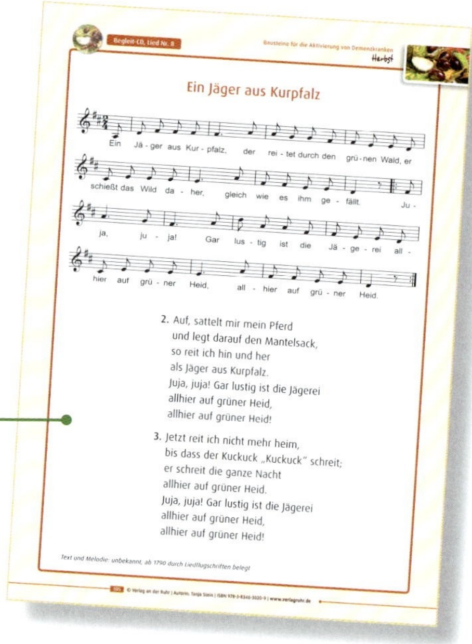

siehe Anhang, Seite 105

Ziele

- Pneumonieprophylaxe
- Geselligkeit fördern
- Atemmuskulatur trainieren

ca. 15 Min.
Gesprächsrunde

Gesprächsrunde „Jagd“

Material

- Abbildungen zum Thema Jagd

Durchführung

Kommen Sie gemeinsam mit Ihren Teilnehmern ins Gespräch. Geben Sie Gesprächsanregungen mit den Bildkarten zum Thema Jagd und mit folgenden Fragen:
Was zeichnet den Jäger aus, was trägt er für Kleidung, wie sieht die traditionelle Tracht bei der Jagd aus? Welche Waffen und welche Munition setzt er ein?
Welche Tiere dürfen gejagt werden und welche Bedeutung hat die Schonzeit?
Was hat das Jagdhorn für eine Bedeutung und wie lautet die Antwort auf den Gruß „Waidmanns Heil“ …

Ziele

- Gedächtnisinhalte aktivieren
- Kommunikation fördern
- aktive Teilhabe an der Gemeinschaft fördern

ca. 20 Min.
Biografiearbeit

Petri Heil!

Durchführung

Besondere Formen der Jagd auf Tiere sind das Fischen und das Angeln. Sicher haben Sie den einen oder anderen passionierten Angler oder Fischer in Ihren Teilnehmerreihen. Bieten Sie dieses Thema z. B. exklusiv den männlichen Bewohnern an. Folgende Fragen können Ihren Teilnehmern den Einstieg ins Gespräch erleichtern:

- Wer besaß einen Angelschein? Welche Prüfung musste dafür abgelegt werden?
- Wer war in einem Angelverein? Gab es Wettbewerbe, bei denen es Auszeichnungen gab?
- Wo angelten Ihre Teilnehmer? Welche Fische finden wir in den heimischen Gewässern?
- Wie sah die Ausrüstung früher und in späteren Jahren aus?

Ziele

- Erinnern biografischer Inhalte
- geschlechtliche Identifikation
- Förderung der Kommunikation

ca. 15 Min.
Hirnleistungstraining

Tiere im Wald

Material

- Abbildungen von heimischen Waldtieren (siehe Bildvorlagen auf ▶ CD-ROM)
- Flipchart und Stifte zum Schreiben

Durchführung

Suchen Sie gemeinsam nach Tieren, die in unseren heimischen Wäldern zu finden sind. Von der Ameise bis zum Hirsch dürfen alle Größen dabei sein.

Beispiele:
Ameise, Borkenkäfer, Dachs, Eichelhäher, Fuchs, Fasan, Grashüpfer, Hirsch, Iltis, Igel, Kaninchen, Luchs, Maus, Natter, Otter, Reh, Salamander, Schlange, Teichhuhn, Uhu, Unke, Vögel, Wachtel, Wildschwein, Wolf, Zecken

Adaption

- Nennen Sie Tiere, die in europäischen Wäldern zu finden sind. Welche Tiere leben nicht bei uns in Deutschland?

Ziele

- Förderung der geistigen Flexibilität
- Aktivierung des Allgemeinwissens

ca. 10 Min.
Hirnleistungstraining

Tiere raten

Material

- Flipchart und Stifte zum Schreiben

Durchführung

Beschreiben Sie reihum Tiere, die die anderen Teilnehmer erraten müssen. Geben Sie z. B. Hinweise zum Lebensraum (in der Erde, auf Bäumen ...), zur Nahrung der Tiere (Würmer, Nüsse, Beeren, Raubtier ...) und zum Aussehen der gesuchten Tiere (Größe, Fellfarbe, Gefieder ...). Halten Sie die charakteristischen Merkmale stichwortartig auf dem Flipchart fest.

Beispiele:
„Mein Tier bewegt sich im Baumwipfel flink und wendig, es huscht über den Boden und klettert blitzschnell an Baumstämmen hinauf. Es sammelt Eicheln, Nüsse und andere Kerne, um sie für den Winter als Vorrat anzulegen. Es plündert aber auch Nester, klaut Eier und verspeist sogar Vogelküken. Es macht sich über Knospen her und futtert Insekten. Das Nest dieses Tieres heißt Kobel. Es ist von kleiner Statur, sein rotbraunes Fell und sein buschiger Schwanz sind die markantesten Merkmale. Es ist das ... Eichhörnchen.“

„Mein Tier ist groß und imposant. Sein riesiges Geweih ist eine begehrte Jagdtrophäe, es wird auch Schaufel genannt. Die Brunftschreie dieses Tieres sind weithin zu hören und es liefert sich erbitterte Kämpfe um Revier und die Aufmerksamkeit der weiblichen Tiere. Dennoch ist es scheu und sein Futter ist rein pflanzlich. Es ist außerdem ein beliebtes Wappentier. Es ist der ... Hirsch.“

„Mein Tier ist weithin bekannt als schlau und spielt oft in Fabeln mit. Sein Name ist dort Reineke. Verwandt ist dieses Tier mit dem Hund. Sein Fell ist rötlich braun mit weißem Latz und der Schwanz ist buschig. Es gräbt sich seinen Bau unter der Erde, um sich zurückzuziehen und dort seine Jungen aufzuziehen. Das Tier ist ein flinker Jäger, meistens in der Dämmerung aktiv und heißt ... Fuchs.“

Ziele

- Förderung des sprachlichen Ausdrucks

ca. 10 Min.
Lesen

Der Hase und der Igel

Material

- Märchen *„Der Hase und der Igel“* der Brüder Grimm (Text siehe S. 107/108 im Anhang bzw. auf ▶ CD-ROM)

Durchführung

Lesen Sie die Fabel langsam und deutlich vor.

Exkurs:
Fragen Sie Ihre Teilnehmer vor Beginn, was eine Fabel ausmacht bzw. von einem Märchen unterscheidet. Die Protagonisten sind meist Tiere, die menschliche Eigenschaften haben.
Diese Erzählungen enthalten eine bildhafte, moralische Botschaft, die allgemeingültig ist und belehrend auf den Leser wirken soll und sich in der Schlusspointe wiederfindet.

siehe Anhang, Seite 107/108

Der Hase und der Igel 2/2

Bausteine für die Aktivierung von Demenzkranken
Herbst

Der Hase und der Igel 1/2

An einem Sonntagmorgen, gerade als die Sonne am Himmel aufgegangen war und die Lerchen in der Luft sangen, war auch der Igel vergnügt und munter und stand vor seiner Tür. Er guckte in den Morgenwind hinaus und trällerte ein Liedchen vor sich hin. Plötzlich fiel ihm ein, dass er doch mal ein bisschen im Feld spazieren gehen könne, um sich umsehen, wie seine Steckrüben wohl stünden. Also machte der Igel die Haustür hinter sich zu und schlug den Weg zu den Feldern ein.

Noch nicht weit vom Haus entfernt, begegnete ihm auf einmal der Hase, der ein ähnliches Vorhaben hatte. Als der Igel den Hasen sah, grüßte er ihn mit einem freundlichen *„Guten Morgen“* doch der Hase, vornehm wie er war, erwiderte den Gruß nicht, sondern sagte nur: *„Wie kommt es denn, dass du schon zu so früher Morgenstunde im Feld herumläufst?“*

„Ich gehe spazieren“, sagte der Igel. *„Spazieren?“* lachte der Hase, *„Ich habe den Eindruck, du könntest deine Beine auch wohl zu besseren Dingen gebrauchen.“* Diese Antwort verärgerte den Igel über alle Maße. *„Du bildest dir wohl ein, dass du mit deinen Beinen mehr ausrichten kannst?“* sagte der Igel. *„Das denke ich“*, sagte der Hase. *„Nun es käme auf einen Versuch an“*, meinte der Igel.

„Ich wette, wenn wir wettlaufen, so laufe ich dir davon.“ „Das ist zum Lachen, du mit deinen schiefen Beinen!“ sagte der Hase, *„aber meinetwegen, wenn du so übergroße Lust hast. Um was wetten wir?“ „Um einen goldenen Taler und eine Flasche Schnaps“*, sagte der Igel. *„Angenommen“*, sprach der Hase, *„schlag ein und dann kann es gleich losgehen.“ „Nein, so große Eile hat es nicht“*, meinte der Igel, *„Ich bin noch ganz nüchtern, erst will ich nach Hause gehen und ein bisschen frühstücken. In einer halben Stunde bin ich auf dem Platz.“* Der Hase willigte ein und daraufhin ging der Igel. Unterwegs dachte sich der Igel: *„Der Hase verlässt sich auf seine langen Beine, aber ich werde ihn schon kriegen. Er denkt, ein vornehmer Herr zu sein, ist aber doch ein dummer Kerl und dafür wird der bezahlen.“*

Als der Igel zu Hause ankam, sagte er zu seiner Frau: *„Zieh dich eilig an, du musst mit mir ins Feld hinaus!“ „Was gibt es denn?“* fragte seine Frau. *„Ich habe mit dem Hasen um einen goldenen Taler und eine Flasche Schnaps gewettet. Ich will mit ihm um die Wette laufen und du sollst mit dabei sein.“ „Ach, du liebe Güte!“* rief seine Frau. *„Hast du den Verstand verloren? Wie kannst du mit dem Hasen um die Wette laufen wollen?“ „Sei still, das ist meine Sache und misch dich nicht in Männergeschäfte ein“*, sagte der Igel. *„Marsch, zieh dich an und dann komm mit!“*

Abbildungen: (Igel) © mariusz szczygiel, (Hase) © Oleg Zhukov – Fotolia.com

107 © Verlag an der Ruhr | Autorin: Tanja Stein | ISBN 978-3-8346-3020-9 | www.verlagruhr.de

Ziele

- Förderung der Konzentration
- Fantasie anregen

ca. 3 Min.
Musik/Singen

„Zwischen Berg und tiefem, tiefem Tal“

Material

- Lied *„Zwischen Berg und tiefem, tiefem Tal“* (Noten und Text siehe S. 109 im Anhang bzw ▶ CD-ROM, Lied siehe ➲ Musik-CD)
- CD-Spieler

siehe Anhang, Seite 109

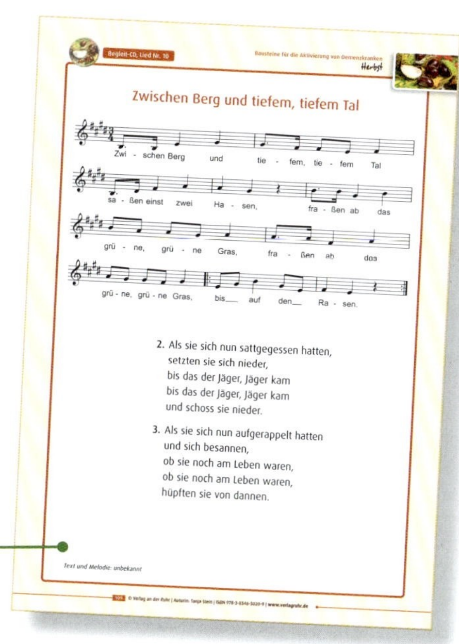

Begleit-CD, Lied Nr. 10

Bausteine für die Aktivierung von Demenzkranken
Herbst

Zwischen Berg und tiefem, tiefem Tal

2. Als sie sich nun sattgegessen hatten,
setzten sie sich nieder,
bis das der Jäger, Jäger kam
bis das der Jäger, Jäger kam
und schoss sie nieder.

3. Als sie sich nun aufgerappelt hatten
und sich besannen,
ob sie noch am Leben waren,
ob sie noch am Leben waren,
hüpften sie von dannen.

Text und Melodie: unbekannt

109 © Verlag an der Ruhr | Autorin: Tanja Stein | ISBN 978-3-8346-3020-9 | www.verlagruhr.de

Durchführung

Singen Sie zum Abschluss dieser Übung gemeinsam dieses Lied. Verabschieden Sie die Teilnehmer und bedanken Sie sich für die Teilnahme. Sie können beispielsweise den Gruß „Waidmanns Dank" dafür aufgreifen, indem Sie mit folgenden Worten die Einheit schließen: *„Ich wünsche Ihnen einen schönen Tag (Morgen, Nachmittag, Abend) und bedanke mich für Ihre Teilnahme. Wie würde es der Jäger sagen? Waidmanns Dank."*

Ziele

- Erinnern alter Liedtexte
- Pneumonieprophylaxe

Text- und Liedvorschläge auf den Begleit-CDs:

- **Lied:** *„Ein Jäger aus Kurpfalz"*
- **Lied:** *„Zwischen Berg und tiefem, tiefem Tal"*
- **Lied:** *„Ein Jäger längs dem Weiher ging"*
- **Lied:** *„Lustig ist das Zigeunerleben"*

  (siehe ➲ **Musik-CD**; Noten und Texte siehe Anhang bzw. ▶ **CD-ROM**)

- **Märchen:** *„Der Hase und der Igel"*
- **Geschichte:** *„Die Geschichte vom wilden Jäger"*
- **Märchen:** *„Die zwölf Jäger"*

  (Textvorlagen siehe Anhang bzw. ▶ **CD-ROM**)

Einstimmung · individuell

Bunte Blätter fallen – kreatives Gestalten im Herbst

In diesem Kapitel finden Sie eine Auswahl an praktischen Bastelideen zum Thema Herbst, die ohne viel Materialeinsatz und mit wenigen Hilfsmitteln umgesetzt werden können. Die Anleitungen sind praxisnah und einfach, sodass sie auf die Bedürfnisse der einzelnen Teilnehmer gezielt eingehen können. In der Arbeit mit Demenzkranken müssen Sie darauf achten, dass die Anleitungen einfach strukturiert sind und auch mit kognitiven Einschränkungen z. B. durch das Vormachen gut übernommen werden können.

Da zeitliche, personelle und finanzielle Ressourcen oft knapp sind, müssen Sie in der Aktivierung von Demenzkranken oft improvisieren und sich mit wenigen und einfachen Mittel zu helfen wissen!

Das kreative Arbeiten mit Naturmaterialien ist eine kostengünstige und dennoch sehr schöne Form, um die Teilnehmer auf verschiedenen Ebenen anzusprechen. Die Beschaffenheit, der Duft und die organischen Formen regen dabei Erinnerung, Fantasie und Sinne an. Oft sind die Techniken schon seit der Kindheit bekannt und wecken so alte Erinnerungen an das gemeinsame Basteln und Schmücken zu Hause, in der Schule oder mit Kindern und Enkeln. Lassen Sie immer wieder kreative Elemente in Ihre Einheiten einfließen. Stellen Sie möglichst von allen Vorschlägen ein Muster her, damit sich die Bewohner die einzelnen Arbeitsschritte und das Endergebnis leichter vorstellen können.

gesamt 30–50 Min.
Kreativübung

Blätter fädeln – Laubgirlande

Dauer

- Vorbereitung etwa 30 Min.
- Dekoration etwa 10–20 Min.

Material

- buntes Herbstlaub
- Einkaufskorb, Karton o. Ä.
- Stopfnadeln, Einfädler, fester Zwirn oder Angelschnur
- Scheren
- Mülleimer

Durchführung

Vorbereitung:
Sammeln Sie mit einer Gruppe von mobilen, körperlich fitten Teilnehmern frisches Herbstlaub. Die Blätter sollten kräftig gefärbt und vollständig erhalten sein. Legen Sie die Blätter in einen Korb oder einen Behälter, der gut belüftet ist, falls Sie die Blätter nicht sofort verarbeiten.

Übung:
Legen Sie Stopfnadeln, Zwirn, Einfädelhilfe und Scheren bereit. Fordern Sie Ihre Teilnehmer auf, das frische Laub mittig auf den Zwirn aufzuziehen. Die verschiedenen Teilstücke können Sie zum Schluss zu beliebig langen Girlanden zusammenknüpfen und die Blätter auf dem Faden durch Verschieben passend platzieren.

Dekoration:
Suchen Sie gemeinsam mit den Teilnehmern Orte aus, an denen Sie die Girlanden aufhängen. Im Laufe der nächsten Tage und Wochen verändern sich durch das Trocknen die Farbe und die Struktur der Blätter. Sie kringeln sich, werden porös und verblassen allmählich. Beobachten Sie gemeinsam, wie sich die Dekoration dem Lauf der Natur hingibt.

Adaptionen

- ggf. müssen Sie die Nadeln vorbereiten und den Zwirn einfädeln und verknoten, falls Ihren Teilnehmern dazu die feinmotorischen Fähigkeiten fehlen
- Sie können auch Blätter aus Tonpapier oder Transparentpapier ausschneiden und diese auffädeln.

Ziele

- Feinmotorik beüben
- Haptik anregen
- Anknüpfen an hauswirtschaftliche Fähigkeiten
- jahreszeitliche Orientierungshilfe schaffen

ca. 20 Min.
Kreativübung

Laub pressen

Dauer

- ca. 20 Minuten (plus mehrere Wochen Trocknungszeit)

Material

- intakte, kräftig gefärbte Blätter
- alte (Tages-)Zeitungen, Küchenpapier oder Löschpapier
- Kataloge, schwere Bücher oder Holzbretter

Durchführung

Das Pressen von Blüten und Blättern werden Ihre Teilnehmer sicher aus der Vergangenheit kennen. Die gepressten, trockenen Blüten zieren bis heute Poesie- und Fotoalben. Glätten Sie die Blätter und legen Sie sie einzeln in eine doppelte Lage Zeitungs- oder Küchenpapier. Beschweren Sie dieses Päckchen mit einem dicken Buch oder Katalog. Dann türmen Sie abwechselnd wieder eine Lage Zeitungspapier darauf. Überlegen Sie sich im Vorfeld, wo diese Stapel über einige Wochen hinweg lagern können. Vielleicht haben Sie eine Abstellkammer, einen Heizungsraum oder eine trockene Garage zur Verfügung, wo die Blätter in Ruhe trocknen können.

Weitere Verwendung:
Die gepressten Blätter können Sie gemeinsam mit Ihren Teilnehmern z. B. in ein Blankoheft kleben und ein Bestimmungsbuch für die Enkelkinder daraus basteln oder Sie rahmen sie zusammen mit einem passenden Postkarten- oder Kalendermotiv ein. Geburtstagskinder aus den Monaten September bis November freuen sich sicher über eine mit den Blättern gestaltete Karte.

Ziele

- taktile Stimulation
- hauswirtschaftliche Fähigkeiten erhalten
- soziales Miteinander fördern

Hinweis

Die Kreativübungen eignen sich gut für die Angehörigenarbeit oder das generationsübergreifende Arbeiten mit Kindern.

ca. 10–15 Min.
Kreativübung

„Blätterkonfetti" – Blätter ausstanzen mit dem Motivlocher

Material

- Motivstanzer, z. B. Blatt- oder Herzmotiv
- gepresstes, trockenes Laub
- Teller oder flache Schale

Durchführung

Stanzen Sie aus dem Laub mit dem Motivlocher (wie aus Papier) Streu-Dekoteile aus. Auch die Blätter selbst sind mit den Ausstanzungen effektvoll und dekorativ. Achten Sie darauf, dass die Motivlocher einfach in der Handhabung sind. Einige Modelle, vor allem sehr kleine und filigrane Motive, lassen sich nur schwer betätigen. Am besten für die Arbeit mit Senioren eignen sich die „Motivzangen", die über einen Hebel betätigt werden.

Ziele

- Förderung der Handmotorik bzw. Feinmotorik
- Kontrakturenprophylaxe
- Kreativität anregen

gesamt 40–50 Min.
Kreativübung

Blattstrukturen drucken

Dauer

- ca. 30–45 Min.
- Vor- und Nachbereitung etwa 10 Min.

Material

- frisches Laub
- Fingermalfarben
- Schwämme, Pinsel, Wasserglas
- Farbschalen oder Paletten
- Fingermalfarbe, z. B. in Erdtönen
- altes Tuch
- Wachsdecke oder Zeitungspapier
- Tonpapier
- ggf. dicken Filzstift
- Mülleimer

Durchführung

Bereiten Sie einen Maltisch mit den benötigten Utensilien vor.
Leiten Sie Ihre Teilnehmer an, die Farbe auf die Blattunterseite zu pinseln, mit den Fingern oder mit dem Schwamm aufzutragen. Drücken Sie die bemalte Seite der Blätter auf ein farblich passendes oder ein kontrastreiches Tonpapier. Die Drucke müssen je nach Dicke des Farbauftrages trocknen.

Dekoration:
Sie können die fertigen Bilder als Hintergrund für Fotocollagen nutzen oder mit einem schwarzen Filzstift ein Herbstgedicht darauf schreiben und als jahreszeitliche Dekoration aufhängen. Sie können die gedruckten Blätter nach dem Trocknen auch gemeinsam ausschneiden und an einem Ast zu einem Mobile binden.

Ziele

- Fantasie anregen
- kreativen Ausdruck ermöglichen
- sensomotorische Anregung

ca. 45 Min.
Kreativübung

Heupuppen binden

Material

- Heu
- Paketschnur, Schere
- dünne Äste

Durchführung

Nehmen Sie einen etwa vier Finger dicken Strang Heu und knicken Sie ihn in der Mitte. Am besten ist, wenn sie das Heu über einen dünnen Ast biegen, dann fällt es nicht auseinander. Binden Sie nun mit einem Stück Schnur den „Kopf" der Puppe ab. Schnüren Sie den Faden fest! Wenn Sie das Heu nun ein wenig auseinanderpflücken, haben Sie bereits ein kleines Heugespenst. Dieses eignet sich beispielsweise für eine Halloweendekoration.
Teilen Sie unter dem Kopf drei Stränge ab, aus denen Sie die Arme und den Rumpf binden. Sie können auch nur einen Strang für den Rumpf nehmen und wieder einen Ast einweben, dann sind die herausstehenden Enden die Arme. Schauen Sie, was Ihnen und Ihren Teilnehmern besser gefällt. Lassen Sie den unteren Teil der Puppe offen, dann haben Sie eine Heufrau. Sie können auch noch Beine abteilen, dann haben Sie einen Heumann. Am Schluss entfernen Sie den Ast aus dem Kopfteil und fädeln eine Schnur zum Aufhängen ein. Schneiden Sie überstehendes Heu einfach mit einer Haushaltsschere ab.
Sie können die Püppchen in der Größe und Dicke variieren und sie mit bunten Schleifenbändern schmücken.

Ziele

- Mobilisation der oberen Extremitäten
- Beüben der Auge-Hand-Koordination
- sensomotorische Stimulation
- Beüben der Handlungsplanung

gesamt 45–50 Min.
Kreativübung

Sankt-Martin-Laternen

Dauer

- Papier reißen etwa 15 Min.
- kaschieren etwa 30 Min. plus Trocknungszeit

Material

- ausgewaschene Marmeladengläser oder große Weckgläser
- evtl. Pinsel
- Transparentpapier oder Strohseide
- Kleister
- Silberdraht
- Drahtzange (Seitenschneider oder Gartenschere)
- Wachsdecke
- Lappen
- Teelichter (ggf. elektrische)

Durchführung

Bereiten Sie einen Basteltisch vor. Reißen Sie gemeinsam etwa 3–5 cm große Stücke aus dem Papier. Wenn Sie genug Papierschnipsel zusammenhaben, kleben Sie diese mit Kleister auf die Außenseite der Gläser auf.
Die Schnipsel können sich überlappen, können aber auch lückenhaft aufgeklebt werden. Es bietet sich an, die Teilnehmer zu ermutigen, die Hände einzusetzen und keine Pinsel zu benutzen. Sie können farblich Ton-in-Ton arbeiten oder kunterbunte Laternen herstellen.
Wickeln Sie nach dem Trocknen Silberdraht um den Glasrand und biegen Sie einen Bügel für die Laterne. Setzen Sie abschließend Teelichter in die Gläser.
Vorsicht, die Gläser und Drähte können heiß werden.
Kerzen nie unbeaufsichtigt brennen lassen!

Adaption

Teilen Sie die Arbeitsschritte Reißen und Kleben auf zwei Gruppen auf.
Das Reißen ist „sauberer“, einige Menschen mögen das Gefühl des Kleisters und des nassen Papiers an den Händen nicht. Auch Teilnehmer mit sehr beschränkten motorischen Fähigkeiten können diese Arbeit meist gut ausführen und so die Gruppe mit ihren Fähigkeiten unterstützen.
Das Aufkleben der Schnipsel auf das Glas ist der „matschige“ Arbeitsgang. Schätzen Sie ein, welche Bewohner hieran vielleicht Spaß hätten und mit Ihnen die Dekoration der Glaslaternen übernehmen können.

Ziele

- Handmotorik schulen
- Kontrakturenprophylaxe
- taktile Stimulation
- Kreativität fördern

Hinweis

Tapetenkleister eignet sich gut für die Technik des Kaschierens mit verschiedenen Papierarten. Nach dem Trocknen des Klebers bildet sich eine feste Schicht aus Papiermaschee. Bereiten Sie den Kleister im Mischungsverhältnis der Packungsbeilage zu und verdünnen Sie ihn nach dem Quellen dann mit Wasser. Füllen Sie den Kleister in Gläser mit gut schließenden Schraubdeckeln ein. Sie können ihn so über mehrere Wochen aufbewahren. Vor Gebrauch einfach das Glas kräftig schütteln, eventuell nochmals mit Wasser verdünnen und gut aufrühren. So haben Sie ohne große Vorbereitungszeit immer geeigneten Kleber für Kaschierarbeiten und andere Techniken zur Hand. Der Vorteil ist, dass sich das Gemisch gut aus der Kleidung auswaschen lässt, es keine unangenehmen Lösungsmittelgerüche abgibt und schnell mit warmem Wasser von der Haut entfernt werden kann.

Einstimmung ca. 5 Min.

Altweibersommer und Herbstzeit

Die Monate September, Oktober und November haben jeder für sich ihren ganz eigenen Charme. Der September läutet den Herbst ein. Er ist oft noch sonnig und recht warm, der sogenannte Altweibersommer treibt die Menschen ein letztes Mal auf die Terrassen und Balkone, in die botanischen Gärten und die Cafés. Auch wenn der kalendarische Herbstanfang Ende September liegt, ist er gefühlt oft schon früher da, was sich in der meteorologischen Deutung des Herbstanfangs zeigt. Astronomischer bzw. kalendarischer Herbstbeginn ist immer am 22. oder 23. September, dem Tag der Tagundnachtgleiche. Die Sonne steht dann exakt über dem Äquator und geht genau im Osten auf und im Westen unter. Daher ist der Herbstbeginn immer an einem dieser Tage. Der meteorologische Herbstbeginn liegt meist einige Wochen vor dem kalendarischen Datum. Ebenso ist es mit dem kalendarischen Herbstende am 21./22. Dezember. Den Dezember und die Vorweihnachtszeit zählen wir „gefühlt" zum Winter.

Blättern Sie zur Einstimmung auf das Thema „Herbstzeit" gemeinsam in einem großformatigen Kalender. Schauen Sie sich die Abbildungen an, die für die Herbstmonate stehen. Was zeigen die Motive, was ist typisch für die Monate? Was verbinden Ihre Teilnehmer damit?

ca. 3 Min.
Lesen

„Herbstlied"

Material Gedicht *„Herbstlied"* von Hoffmann von Fallersleben (siehe S. 114 im Anhang bzw. Textvorlage auf **CD-ROM**)

Durchführung Lesen Sie das Gedicht laut und deutlich vor. Fragen Sie anschließend, welche Stimmung das Gedicht bei den Zuhörern hinterlässt.

siehe Anhang, Seite 114

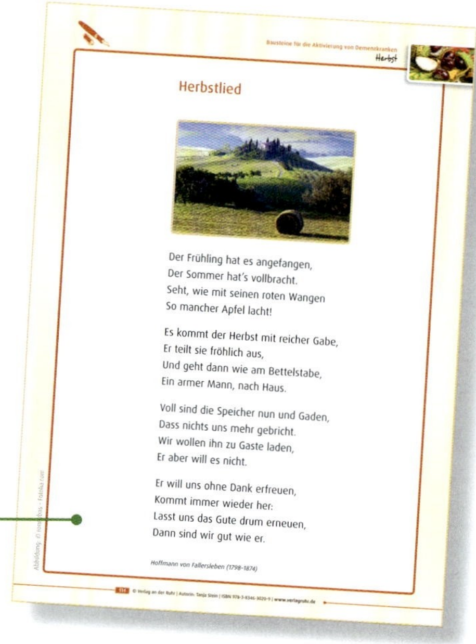
Herbstlied

Der Frühling hat es angefangen,
Der Sommer hat's vollbracht.
Seht, wie mit seinen roten Wangen
So mancher Apfel lacht!

Es kommt der Herbst mit reicher Gabe,
Er teilt sie fröhlich aus,
Und geht dann wie am Bettelstabe,
Ein armer Mann, nach Haus.

Voll sind die Speicher nun und Gaden,
Dass nichts uns mehr gebricht.
Wir wollen ihn zu Gaste laden,
Er aber will es nicht.

Er will uns ohne Dank erfreuen,
Kommt immer wieder her:
Lasst uns das Gute drum erneuen,
Dann sind wir gut wie er.

Hoffmann von Fallersleben (1798–1874)

Ziele
- Assoziationsfähigkeit beüben
- auditive Wahrnehmung lenken

ca. 10 Min.
Musik/Singen

„Bunt sind schon die Wälder"

Material
- Jongliertücher
- Lied „Bunt sind schon die Wälder" (Noten und Text siehe S. 115 im Anhang bzw. **CD-ROM**, Lied siehe **Musik-CD**)
- CD-Spieler

Durchführung Stimmen Sie nach dem Gedicht gemeinsam dieses Lied an. Sie können sich mit den Jongliertüchern zu dem Lied wiegen und die Tücher zur Melodie schwingen.

Adaption Lesen Sie alle Strophen einmal ohne Melodie vor, um die Textzeilen in Erinnerung zu rufen. Besonders bei Liedern, die wir nur saisonal singen, ist die erste Strophe zwar präsent, bei den folgenden Strophen fehlen dann oft Textzeilen und wir können helfen, indem wir die Erinnerung daran vor dem Singen wecken.

siehe Anhang, Seite 115

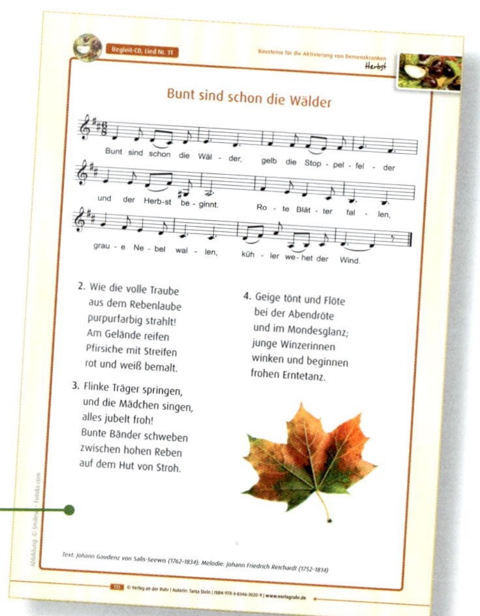
Bunt sind schon die Wälder

2. Wie die volle Traube
aus dem Rebenlaube
purpurfarbig strahlt!
Am Gelände reifen
Pfirsiche mit Streifen
rot und weiß bemalt.

3. Flinke Träger springen,
und die Mädchen singen,
alles jubelt froh!
Bunte Bänder schweben
zwischen hohen Reben
auf dem Hut von Stroh.

4. Geige tönt und Flöte
bei der Abendröte
und im Mondesglanz;
junge Winzerinnen
winken und beginnen
frohen Erntetanz.

Text: Johann Gaudenz von Salis-Seewis (1762–1834). Melodie: Johann Friedrich Reichardt (1752–1814)

Vergleichen Sie gemeinsam: Welche Themen finden sich sowohl in dem Gedicht *„Herbstlied"* als auch in den Strophen des Liedes *„Bunt sind schon die Wälder"* wieder? Welche Stimmung vermittelt das Lied?

Ziele

- Pneumonieprophylaxe
- Gemeinschaft fördern
- Rhythmisierung
- Kommunikation fördern

ca. 15 Min.
Kreativübung

Bunte Drachen

Material

- buntes DIN-A4-Papier, Transparentpapier, Krepppapier
- alte Werbeprospekte
- dicke, schwarze Marker
- Wolle, Schere, Klebeband

Durchführung

Basteln Sie aus alten Prospekten und farbigem Papier bunte Drachen, die Sie beispielsweise als Fensterdekoration benutzen können.
Sie können die Drachenform ausschneiden oder falten. Dekorieren Sie die Drachen mit Schleifen, Schwänzen aus Wolle und malen Sie Gesichter darauf.

Faltanleitung:
Falten Sie ein A4-Blatt der langen Seite nach in der Mitte aufeinander. Klappen Sie die Hälften auf, sie haben nun ein „geteiltes" Blatt. Knicken Sie nun alle vier Ecken jeweils zu dieser Mittellinie. Lassen Sie die Teile geschlossen und legen Sie das Blatt im Hochformat vor sich hin. Nun nehmen Sie nur auf der unteren Hälfte jeweils die neu entstandenen Ecken und führen sie in der Mitte zusammen. Nun haben Sie bereits eine Drachenform.

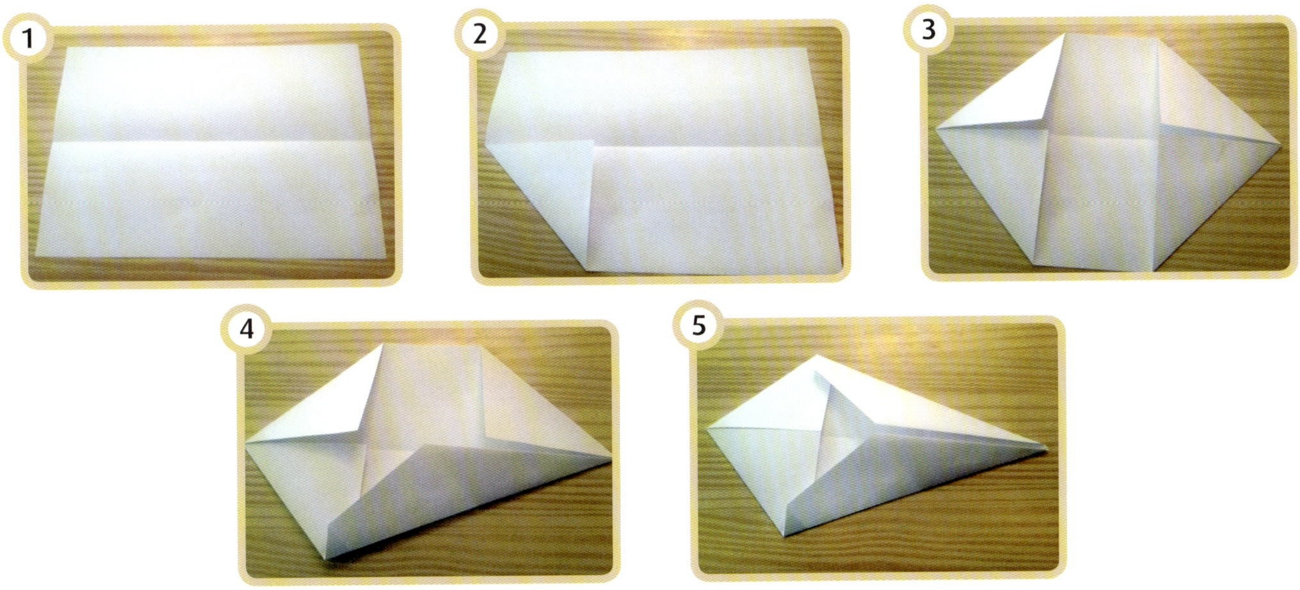

Schneide-Anleitung:
Falten Sie wieder das Blatt längs in der Mitte. Legen Sie es geschlossen hochformatig vor sich hin. Markieren Sie frei etwa das obere Drittel des Blattes an der offenen Seite. Schneiden Sie nun von dem Punkt an der offenen Seite bis zum obersten Punkt der geschlossenen Seite. Schneiden Sie nun von dem Punkt am Rand bis zum untersten Punkt der geschlossenen Seite und klappen Sie das Papier auf.

Ziele
- Auge-Hand-Koordination beüben
- Feinmotorik trainieren
- sensomotorische Stimulation

ca. 10 Min.
Hirnleistungstraining

Auf dem Markt

Material
- Abbildung von Früchten und frischer Ware (siehe Bildkarten auf ▶ CD-ROM)
- Flipchart und Stifte zum Schreiben

Durchführung
Sammeln Sie gemeinsam Begriffe, die typischerweise zum Thema „Markt" passen. Welche Lebensmittel und andere Waren sind in dieser Jahreszeit typischerweise auf dem Markt zu finden?

Adaption
Gestalten Sie die Einheit für „fitte" Bewohner ähnlich dem Spiel „Ich packe meinen Koffer". Geben Sie dafür den Satz vor: *„Ich gehe zum Markt und kaufe ...".* Der nächste Teilnehmer sagt dann einen weiteren Artikel, den er kaufen möchte, und nennt die vorangegangenen Artikel. Begrenzen Sie die Anzahl der Artikel ggf. und beginnen Sie beispielsweise nach vier Teilnehmern eine neue Runde.

Ziele
- Kurzzeitgedächtnis trainieren
- Sprachförderung

ca. 10 Min.
Bewegungsübung

Marktspiel

Material

- Korb
- Stifte und Papierkarten

Durchführung

Schließen Sie mit folgendem Bewegungsspiel an die vorangegangene Übung an. Leiten Sie beispielsweise mit folgenden Worten über: *„Ich möchte gern etwas Bewegung in unser Spiel bringen. Ich bitte Sie einen Artikel aufzumalen oder aufzuschreiben, den Sie auf dem Markt bekommen. Wir reichen den Korb dann herum."* Der erste Teilnehmer beginnt wieder mit den Worten *„Ich gehe auf den Markt und kaufe …"* und legt seine Karte oder seinen Zettel in den Korb. Nun reicht er den Korb an den nächsten Teilnehmer weiter usw.

Adaption

In einer weiteren Runde zieht jeder Teilnehmer einen beliebigen Zettel aus dem Korb und behält diesen. Nun rufen Sie als Übungsleiter verschiedene Warengruppen auf und fordern die Teilnehmer auf, die entsprechenden Karten hochzuhalten.
Beispiel: *„Wer von Ihnen hat eine Obstsorte (Gemüsesorte, Tierprodukt, Pflanze …) aus dem Korb gezogen? Halten Sie Ihren Zettel einmal hoch."*

Ziele

- Mobilisation der oberen Extremität
- Bewegungskoordination trainieren
- Lockerung der Muskulatur im Schulter-Nacken-Bereich

15–20 Min.
Biografiearbeit

Wiesn, Dult und Kirmes

Durchführung

In Bayern der Höhepunkt des Jahres, aber weit über die Grenzen Bayerns hinaus bekannt, ist das Oktoberfest. Dieses beginnt traditionell im September und endet am ersten Sonntag im Oktober. Die Theresienwiesen verwandeln sich in ein leuchtendes Spektakel aus Zelten, Buden, Fahrgeschäften und vollen Gassen.
Regen Sie ein Gespräch zu diesem Thema an. Welche Bezeichnung war in der Heimat Ihrer Teilnehmer für den Jahrmarkt üblich? Gab es einen Festakt zur Eröffnung? An welche Buden und Fahrgeschäfte erinnern sich Ihre Teilnehmer? Was kostete eine Fahrt im Karussell? Welche besonderen Erlebnisse sind Ihren Teilnehmern in Erinnerung geblieben?

Ziele

- Erlebnisinhalte aus dem Langzeitgedächtnis abrufen
- sozio-emotionale Aktivierung

Text- und Liedvorschläge auf den Begleit-CDs:

- **Lied:** *„Bunt sind schon die Wälder“*
- **Lied:** *„Es war eine Mutter“*
- **Lied:** *„In meinem kleinen Apfel“*
  (siehe ➔ **Musik-CD**; Noten und Texte siehe Anhang bzw. ▶ **CD-ROM**)
- **Gedicht:** *„Herbstlied“*
  (Textvorlage siehe Anhang bzw. ▶ **CD-ROM**)

Einstimmung ca. 5 Min.

Goldener Oktober und Kürbiszeit

Der Oktober leuchtet in bunten Farben, Herbststürme fegen die Blätter von den Ästen über Wege und Straßen und die gelb-rötliche Färbung des Laubes in den Baumkronen sorgt für ein atmosphärisches Lichtspiel bei Sonnenschein. Die Tage werden merklich kürzer, die jähe Dunkelheit und die zunehmende Kälte treiben die Menschen früh in die Häuser und Stuben. Zu dieser Zeit wurden die Gebäude winterfest gemacht, Reparaturen und Instandsetzungen lösten die Feldarbeiten ab. Beim Erntedankfest am ersten Sonntag im Monat feierten und dankten die Menschen für die Erträge. Der Kürbis ist ein altes Herbstgemüse, das aktuell zu neuen Ehren kommt, nicht zuletzt wegen der zunehmenden Verbreitung von Halloween.

Kürbisgewächse bilden eine eigene Pflanzengattung. Es gibt viele verschiedene Sorten, die essbar sind. Kürbisse sind längst kein Beilagengemüse mehr. Aus ihnen werden Brote, Suppen, Marmeladen, Salate, Pfannengerichte und vieles mehr gemacht. Die Kürbiskerne sind geröstet ein knuspriger Knabbersnack und zieren allerlei Backwaren. Sie finden in der Naturheilkunde Anwendung und sollen bei Blasen- und Prostatabeschwerden helfen. Der größte Kürbis der Welt wog sogar über eine halbe Tonne!

Kommen Sie gemeinsam ins Gespräch, indem Sie Ihre Bewohner fragen, welcher der zehnte Monat des Jahres ist. Leiten Sie beispielsweise mit folgenden Worten ein: *„Heute dreht sich alles um den zehnten Monat des Jahres. Können Sie mir sagen, welchen Monat ich meine?"*

ca. 10–15 Min.
Biografiearbeit

Gespräch zum Thema „Oktober“

Durchführung

Kommen Sie mit den Teilnehmern ins Gespräch:

- Was verbinden Ihre Bewohner mit dem Oktober?
- Welche Arbeiten standen früher in diesem Monat an?
- Gab es Familienmitglieder, die in diesem Monat Geburtstag hatten?
- An welche historischen Ereignisse im Oktober erinnern sich die Teilnehmer?

Ziele

- Inhalte aus dem Langzeitgedächtnis abrufen
- soziale Teilhabe, Gemeinschaft fördern
- Kommunikation fördern

Hinweis

Tag der deutschen Einheit

Am 3.10.1990 trat die DDR offiziell der BRD bei und die Zeiten der deutschen Teilung waren vorüber. Dieser Tag wird seitdem als Tag der deutschen Einheit gefeiert.

Nutzen Sie diesen Tag, um ins Gespräch zu kommen über die Jahrzehnte des „Eisernen Vorhangs“, der Besatzungszonen und der Teilung Deutschlands. Wo sind Ihre Bewohner ursprünglich aufgewachsen, wo und unter welchen Bedingungen lebten Sie zur Zeit der deutsch-deutschen-Grenze? Wie sah das Leben in der sowjetischen Besatzungszone aus, also der späteren DDR? Was war der Unterschied zum Westen? Wie sah ein Grenzübergang zu der Zeit aus, welche Kontrollen mussten passiert werden?

Wie erlebten Ihre Teilnehmer die Maueröffnung und die Wiedervereinigung in den Jahren 1989/90?

Anregung zur generationsübergreifenden Arbeit:

Dieses Thema eignet sich gut für eine Kooperation mit weiterführenden Schulen, die Schüler können auf diese Art von Zeitzeugen erfahren, wie unterschiedlich diese Ära der deutschen Geschichte von den Anfangen bis zu ihrem glücklichen Ausgang erlebt wurde und was wir aus der Vergangenheit lernen können. Es gab viele tragische Lebensverläufe und Familiengeschichten, die viele Menschen bis heute nicht verarbeitet haben und die Trauer und Wut bei den Betroffenen auslösen, bedenken Sie dies bei der Auswahl der Teilnehmer.

ca. 5 Min.
Lesen

„Oktoberlied“

Material

- Gedicht *„Oktoberlied“* von Theodor Storm (siehe S. 118 im Anhang bzw. Textvorlage auf ▶ CD-ROM)

Durchführung

Lesen Sie die Strophen betont und langsam vor.

Ziele

- auditive Wahrnehmung fördern
- Sprachförderung

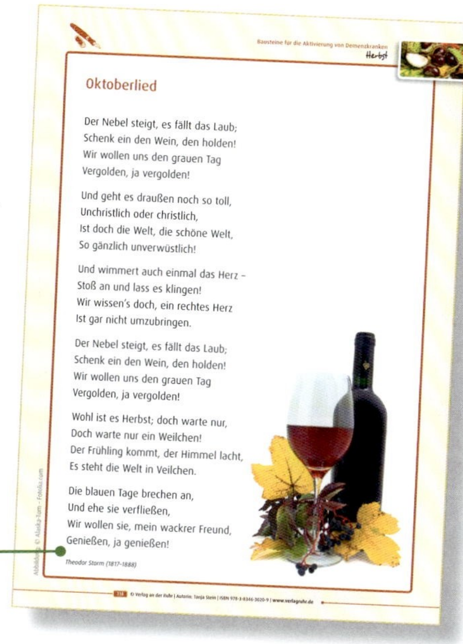
Bausteine für die Aktivierung von Demenzkranken
Herbst

Oktoberlied

Der Nebel steigt, es fällt das Laub;
Schenk ein den Wein, den holden!
Wir wollen uns den grauen Tag
Vergolden, ja vergolden!

Und geht es draußen noch so toll,
Unchristlich oder christlich,
Ist doch die Welt, die schöne Welt,
So gänzlich unverwüstlich!

Und wimmert auch einmal das Herz –
Stoß an und lass es klingen!
Wir wissen's doch, ein rechtes Herz
Ist gar nicht umzubringen.

Der Nebel steigt, es fällt das Laub;
Schenk ein den Wein, den holden!
Wir wollen uns den grauen Tag
Vergolden, ja vergolden!

Wohl ist es Herbst; doch warte nur,
Doch warte nur ein Weilchen!
Der Frühling kommt, der Himmel lacht,
Es steht die Welt in Veilchen.

Die blauen Tage brechen an,
Und ehe sie verfließen,
Wir wollen sie, mein wackrer Freund,
Genießen, ja genießen!

Theodor Storm (1817–1888)

118 © Verlag an der Ruhr | Autorin: Tanja Stein | ISBN 978-3-8346-3020-9 | www.verlagruhr.de

siehe Anhang, Seite 118

ca. 10 Min.
Hirnleistungstraining

„Wer will fleißige Handwerker sehen?“

Material

- ggf. passende Abbildungen von Handwerkern (siehe Bildvorlagen auf ▶ CD-ROM)
- Flipchart und Stifte zum Schreiben

Durchführung

Welche Handwerke sind für die Instandsetzung von Haus und Hof wichtig? Welche Berufsgruppe führt welche Arbeiten aus? Sammeln Sie die Ergebnisse auf einem Flipchart.

<u>**Beispiele:**</u>

Zimmermann .... Dachstühle, Innenausbau, Holzarbeiten
Maurer .... Mauerwerk, Wände, Fundamente
Elektriker .... Stromversorgung, Leitungen, Steckdosen, Sicherungskästen
Klempner .... Rohrleitungen, sanitäre Anlagen, Wasserversorgung, Heizungsanlagen, Dachrinnen
Tischler .... Fenster, Türen, Treppen, Möbel
Fliesenleger .... Fußböden, Kachelöfen, Wandverkleidungen

Adaption

Führen Sie die Übung weiter, indem Sie zum Handwerk passende Sprichworte finden.

<u>**Beispiele:**</u>

Die Axt im Haus erspart den Zimmermann.
Lehrjahre sind keine Herrenjahre.

Es ist noch kein Meister vom Himmel gefallen.
Handwerk hat goldenen Boden.
Viele Köche verderben den Brei.
Wo gehobelt wird, da fallen Späne.
Was Hände bauen, können Hände stürzen.
Klappern gehört zum Handwerk.
Es ist ein schlechter Handwerksmann, der nicht vom Handwerk leben kann.

Ziele

- Erinnerungsvermögen aktivieren
- logische Zusammenhänge erinnern

ca. 15 Min.
Hirnleistungstraining

Berufe raten

Durchführung

Beschreiben Sie verschiedene Berufe, ohne diese zu nennen.
Die anderen Teilnehmer müssen diese erraten.

Beispiel:
„Mein Handwerker braucht Hammer und Nägel, Säge und Maßband. Er arbeitet auf den Millimeter genau mit Holz. Er baut Fenster, Türen, Treppen und Möbel."
Antwort: **Tischler**

Ziele

- Assoziationsvermögen beüben
- geistige Aktivierung

gesamt ca. 90 Min.
Hauswirtschaft

Kürbissuppe kochen

Material

- Schneidunterlagen, Messer, Mülleimer
- Kochgeschirr
- Pürierstab

Rezept für ca. 12–15 Personen

Durchführung

Vorbereitung:

- Raum herrichten ca. 10 Min.
- Zutaten schneiden ca. 20 Min.
- Zubereitung ca. 5 Min.
- Kochzeit ca. 45 Min.
- Aufräumen ca. 10 Min.

Zutaten:

- 3–4 Hokkaido-Kürbisse je nach Größe
- 1 große Zwiebel
- 2 Knoblauchzehen
- 3 Karotten
- 1 Bund Lauchzwiebeln
- 1 kleiner Rettich
- 1 Bund Petersilie
- 2 EL Butter oder Öl
- Gemüsebrühe
- Salz, Pfeffer
- Wasser
- Weißbrot oder Brötchen
- Sahne

Teilnehmerzahl: 4–6

Schneiden Sie das Kürbisfleisch in Würfel, entfernen Sie dabei die dünne Schale und das Innere. Reinigen Sie die anderen Gemüsesorten und schneiden Sie sie ebenfalls klein. Geben Sie die Butter bzw. das Öl in einen hohen Topf und lassen Sie die Zutaten kurz anschwitzen. Geben Sie dann die Petersilie und etwa 1–1,25 Liter Gemüsebrühe hinzu (je nach Menge des Gemüses). Kochen Sie die Gemüsewürfel weich. Pürieren Sie das gekochte Gemüse und schmecken Sie die Suppe zum Schluss ab. Reichen Sie frisches Weißbrot oder helle Brötchen zu der Suppe.

Adaption

Wenn Sie es gern cremig mögen, nehmen Sie entsprechend weniger Wasser zum Kochen und geben Sie beim Pürieren einen Becher Sahne hinzu.

Ziele

- hauswirtschaftliche Fähigkeiten erhalten
- Feinmotorik beüben
- Kommunikation fördern
- soziale Kontakte fördern

ca. 10 Min.
Hirnleistungstraining

Von Hexen, Trollen und Nachtgespenstern

Material

- ggf. passende Abbildungen (siehe Bildvorlagen auf ▶ CD-ROM)

Durchführung

Zum Karneval und zu Halloween sind oft gruselig verkleidete Gestalten unterwegs. Auch in Träumen finden sich nachts oft fantastische Wesen wieder, die grad in der Kindheit einen Schrecken einjagen können. Sammeln Sie gemeinsam die Namen aller wunderlichen Gestalten und Fabelwesen, die Ihnen einfallen.

Hinweis

In der Nacht vom 31. Oktober auf den 1. November, also dem Abend vor Allerheiligen, feiern die Menschen in den angloamerikanischen Nationen Halloween. Dieser Brauch etabliert sich zunehmend auch im deutschsprachigen Raum und hat inzwischen einen hohen Stellenwert unter den Kindern und Jugendlichen. Vielerorts ziehen verkleidete Gruppen von Haus zu Haus und drohen mit dem Spruch: „Süßes, sonst gibt's Saures". Sie fordern spielerisch Süßigkeiten, sonst droht den Hausbewohnern ein Streich.

Fragen Sie nach, wem von den Teilnehmern Halloween ein Begriff ist.

Beispiele:

Hexen, Trolle, Geister, Gespenster, Gnome, Guhl, Katzenveit, Kobold, Sandmann, Hobbit, Pumuckl, Nis Puk, Waldschrat, Zwerge, Riesen, Rübezahl, Oger, Zentauren, Hippogryph, Faun, Nixen, Greif, Meerjungfrauen, Undine, fliegender Holländer, Wassermänner, Ekke Nekkepenn, Nessie, Klabautermann, Leviathan, Elwetritsch, Lindwurm, Werwolf, Vampir, Loreley, Baba Jaga, Väterchen Frost, Elfen, Pixi, Medusa, Drachen, Einhörner, Pegasus, Sphinx, Hydra, Phoenix, Dämonen, Basilisk, Knecht Ruprecht, Walküre, Wichtel, Wicht, Yeti, Big Foot, Zombie

Ziele

- Fantasie anregen
- bildliche Vorstellungskraft trainieren

Textvorschlag auf der Begleit-CD:

- **Gedicht:** *„Oktoberlied"*
  (Textvorlage siehe Anhang bzw. ▶ CD-ROM)

Einstimmung ca. 5 Min.

November – Von kalten Tagen und langen Nächten

Im November wird es oft schon winterlich: Die Bäume sind kahl, Frost und erste Schneefälle lassen die Erinnerung an den Sommer gänzlich verblassen, der Advent steht sprichwörtlich vor der Tür. Traditionell finden im November die Laternenumzüge um den Sankt Martinstag am 11.11. statt. Der November lud förmlich zum Geschichtenerzählen ein. Die frühe Dunkelheit und das trübe Wetter läuteten bereits früher als in den vorangegangenen Monaten den Feierabend ein. In vielen Familien wurde und wird auch heute noch zusammen musiziert und gemeinsam gesungen. Überlieferte Geschichten, Familienanekdoten, Hausmärchen und Volkslieder waren die damalige Abendunterhaltung, bevor Fernsehen und Computer in die Haushalte Einzug hielten. Gelegentlich leierten Grammofone und später Plattenspieler Schellackplatten mit alten Schlagern ab. Die Frauen und Mädchen widmeten sich der Handarbeit, die Jungen spielten Karten oder schnitzten. Fernsehgeräte hielten erst gegen Ende der 1950er-Jahre Einzug in die deutschen Haushalte. Machen Sie mit Ihren Teilnehmern eine Zeitreise in die Vergangenheit – ohne zigfache TV-Sender, PC, Internet und Spielkonsolen. Bringen Sie als Anschauungsmaterial z. B. alte Märchenbücher, Langspielplatten und Notenblätter mit sowie Handarbeitszeug.

ca. 30 Min.
Biografiearbeit

Von kalten Tagen und langen Nächten

Durchführung

Leiten Sie die Einheit beispielsweise mit folgenden Worten ein: *„Ich möchte gern von Ihnen wissen, wie Ihre Familie früher die Abende miteinander verbracht hat, wenn das Tagewerk vollbracht und es früh dunkel war. Erzählen Sie mir davon."*

Wie sah ein Herbstabend im Kreise der Familie früher bei Ihren Teilnehmern aus? An welche Geschichten erinnern sich Ihre Bewohner? Gab es Bücher mit Geschichten im Haus oder wurde von den Eltern und Großeltern frei erzählt? Wurde in der Familie gemeinsam musiziert und gesungen? Welche Handarbeiten lernten Ihre Teilnehmer in jungen Jahren?

Kommen Sie ins Gespräch. Greifen Sie Titel von Geschichten und Liedern auf, die Ihnen geläufig sind, oder bitten Sie die Teilnehmer, diese vorzutragen.

Ziele

- Kommunikation fördern
- Abrufen alter Erinnerungsinhalte

ca. 20 Min.
Lesen

„Rotkäppchen"

Material

- Märchen „Rotkäppchen" der Brüder Grimm (siehe S. 119/120 im Anhang bzw. Textvorlage auf ▶ CD-ROM)

Lesen Sie ein bekanntes Märchen der Gebrüder Grimm vor. Leiten Sie die Übung beispielsweise mit folgenden Worten ein: *„Ich habe Ihnen ein altes Märchen mitgebracht, das Sie sicher kennen."*

siehe Anhang, Seite 119/120

Ziele

- bildliche Vorstellung anregen
- Erinnerungen an die Kindheit wecken

ca. 10 Min.
Hirnleistungstraining

Märchenfiguren

Material

- Flipchart und Stifte zum Schreiben
- Abbildungen aus Märchen (siehe Bildvorlagen auf CD-ROM)

Durchführung

Knüpfen Sie mit dieser Übung an die vorangegangene an. Welche Figuren tauchten in dem Text auf? Welche anderen Figuren sind typisch für Märchen? Halten Sie die Ergebnisse auf dem Flipchart fest.

Beispiele:
Hexe, Zauberer, Fee, Zwerg, Vater, Mutter, Kind, Tiere, König, Königin, Prinz, Prinzessin, Stiefmutter, Jäger, Krämer, Bettler, Vagabund, Bauersleute, Räuber ...

Adaption

Wandeln Sie die Übung ab, indem Sie Figuren aus bestimmten Geschichten vorgeben und gemeinsam raten, in welchem Märchen diese gemeinsam mitspielen.

Beispiele:
„In meinem Märchen spielen Zwerge mit, eine böse Königin, ein schöner Prinz und es kommt ein gläserner Sarg darin vor. Welches Märchen kann das sein?"
Antwort: **Schneewittchen und die sieben Zwerge**
„In meiner Geschichte spielt eine Königstochter mit, die sich an einer Spindel sticht. Es gibt eine böse Fee, die einen Fluch ausspricht, und einen Prinzen, der sich durch eine Dornenhecke schlägt."
Antwort: **Dornröschen**

Ziele

- Sprachförderung
- Gedächtnisfunktionen aktivieren

ca. 20 Min.
Gesprächsrunde

Sankt Martin

Material

- passende Abbildungen zu Sankt Martin (siehe Bildvorlagen auf CD-ROM)
- Laterne
- ggf. Sankt-Martins-Lieder und CD-Spieler

Durchführung

In Kapitel 6 finden Sie eine Anleitung zum Herstellen von günstigen und stimmungsvollen Laternen für den Sankt Martinstag (siehe S. 58).

Kommen Sie ins Gespräch: Wer kennt die überlieferten Geschichten von Sankt Martin und kann diese der Gruppe erzählen? Wie kam es der Überlieferung nach dazu, dass wir noch heute Gänse zum traditionellen Festessen verspeisen? Welche Bräuche zum Martinstag kennen Ihre Teilnehmer aus ihrer Heimatregion?

Hinweis

Der Überlieferung nach gehen die Geschichten um Sankt Martin bzw. den heiligen Martin auf den späteren Bischof Martin von Tours zurück. Er lebte im 4. Jahrhundert n. Chr.

Als Soldat soll Martin einem unbekleideten Bettler begegnet sein, dem er nichts geben konnte außer seinem Mantel. Mit seinem Schwert durchtrennte er diesen und teilte ihn so mit dem Bettelmann. In der folgenden Nacht soll Jesus Christus Martin im Traum erschienen sein, bekleidet mit dem durchtrennten Mantel, und sich als der Bettelmann zu erkennen gegeben haben.

Später wollten die Einwohner von Tours Martin zu ihrem Bischof ernennen, dieser sträubte sich allerdings aus Bescheidenheit gegen dieses prunkvolle Amt und wollte sich vor den Menschen verstecken. Als er sich in einem Gänsestall zu verstecken versuchte, schnatterten die Gänse sehr laut und verrieten so den Flüchtigen. Martin nahm das Amt an, zog allerdings nicht in den Bischofspalast ein. Hieraus entwickelte sich der Brauch der Martinsgans. Sankt Martin wurde später heiliggesprochen und gilt seither als Schutzheiliger der Reisenden, der Reiter, Bettler und Armen.

Ziele

- Kommunikation fördern
- Inhalte aus dem Langzeitgedächtnis abrufen

individuell

Generationsübergreifende Arbeit

Angehörigenarbeit

Laternenumzug

Material

- individuelle zum Anlass passende Dekoelemente
- ggf. Getränke und Verpflegung, Bestuhlung etc.

Durchführung

Laden Sie in Zusammenarbeit mit örtlichen Sportvereinen, Schulen, Kindergärten, Jugendgruppen usw. eine Gruppe von Kindern zum Laternenumzug ein. Die Kinder können beispielsweise vor oder auch im Haus für bzw. mit den Teilnehmern singen, sie können die Legende von Sankt Martin vortragen oder gemeinsam die Geschichte anhören. Sie als Anleiterin können auch mit dem Pastor/der Pastorin eine gemeinsame Andacht organisieren und gestalten.

Checkliste

- Überlegen Sie sich, welche Örtlichkeiten für so ein Treffen infrage kommen (Hof, Tagesraum, Eingangsbereich, Veranstaltungsraum ...), wie viele Menschen fasst dieser Raum?
- Wen können Sie einladen/ansprechen (Jugendbüro, Sportverein, Grundschule, Kindergarten ...)? Planen Sie einen Vorlauf von ca. vier bis sechs Wochen ein.
- Wie können Sie Ihre Senioren in die Vorbereitung und die Durchführung einbinden (Getränke „ausschenken", Süßigkeiten verteilen, Lieder auswählen, Raum schmücken ...)?
- Welchen zeitlichen Rahmen soll die Veranstaltung haben?
- Wer übernimmt die Begrüßung und Verabschiedung?
- Wer muss einbezogen werden (Küchenpersonal, Pflegepersonal ...), was muss eingekauft und bereitgestellt werden (Getränke, Gläser, Süßwaren als Dankeschön ...)?

Hinweis

Die generationsübergreifende Arbeit ist eine schöne Form, um Ihre Einrichtung in die soziale Gemeinschaft des Ortes einzubinden. Beide Seiten profitieren in der Regel sehr davon. Machen Sie sich bewusst, dass Kinder und Jugendliche möglicherweise das erste Mal in Kontakt kommen mit Themen wie Krankheit und Tod. Bereiten Sie dies mit den zuständigen Gruppenleitern und Betreuungspersonen der Kinder vor, sollte sich diese Form der Zusammenarbeit bisher nicht in Ihrer Einrichtung etabliert haben. Gehen Sie mit offenen Augen durch Ihre Einrichtung! Was kann Kinder möglicherweise erschrecken, was kann befremdlich sein (Gerätschaften wie Rollstühle, Sauerstoffgeräte und Rollatoren, Gerüche ...)? Mit welchen Krankheitsbildern und Symptomen kommen die jungen Besucher in Kontakt (weinen, schreien, Speichelfluss, Amputationen ...)? Entwickeln Sie im Vorfeld gemeinsam ein Konzept, wie Sie den Kindern dies nahebringen können, und geben Sie Raum für Fragen, die sich nach dem Besuch ergeben.

Ziele

- generationsübergreifende Kontakte fördern
- gemeinsame Erlebnisse schaffen
- Geselligkeit fördern

ca. 20–25 Min.

Biografiearbeit

Helau und Alaaf!

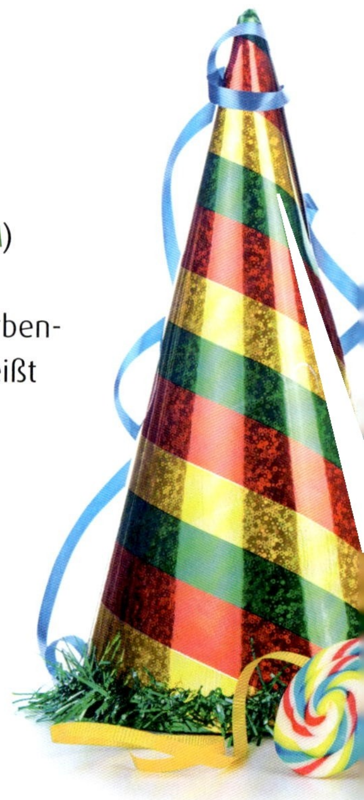

Material

- Partyhüte, Masken
- ggf. Karnevalslieder und CD-Spieler
- ggf. passende Abbildungen (siehe Bildvorlagen auf CD-ROM)

Durchführung

Im November beginnt ein weiteres buntes Treiben, neben den farbenfrohen Laternenumzügen: der Karneval! Am 11.11. um 11.11 Uhr heißt es dann alljährlich: „Die Jecken sind los!“. Kommen Sie mit Ihren Teilnehmern ins Gespräch. Wer ist ein waschechter Jecke und mag die „fünfte Jahreszeit“ besonders?
Wo wurde Karneval gefeiert, wie sah das aus? Gab es einen Karnevalsverein im Ort? Welche Kostüme sind Ihren Teilnehmern in besonderer Erinnerung?

Hinweis

Die „wilde" Zeit des Karnevals beginnt erst richtig im Februar, mit den Karnevalssitzungen, Fastnachtsumzügen und Paraden am Rosenmontag, und endet schließlich am Aschermittwoch. Dann beginnt die Fastenzeit vor Ostern. In Bayern und in Österreich ist die Bezeichnung Fasching verbreiteter. In anderen Regionen heißt das bunte Treiben auch Fastnacht, Fasnet oder Fassenacht.

Zu den Ursprüngen dieses Festes gibt es mehrere Theorien, wahrscheinlich gehen die Feiern auf einen vorchristlichen Brauch zurück, bei dem die Menschen mit wilden Verkleidungen versuchten, die Wintergeister zu vertreiben.

Ziele

- Erzählfreude anregen
- biografische Erlebnisse austauschen

Text- und Liedvorschläge auf den Begleit-CDs:

- **Lied:** *„Laterne,Laterne"*
- **Lied:** *„Ich geh' mit meiner Laterne"*
- **Lied:** *„Sankt Martin"*
  (siehe **Musik-CD**; Noten und Texte siehe Anhang bzw. **CD-ROM**)
- **Märchen:** *„Rotkäppchen"*
  (Textvorlage siehe Anhang bzw. **CD-ROM**)

Weitere Vorschläge *(nicht im Material enthalten)*:

- **Märchen:** *„Brüderchen und Schwesterchen"*
  (Brüder Grimm)

Einstimmung ca. 5 Min.

Abend wird es wieder ...

Der Herbst ist durch die Ernte eine arbeitsreiche Zeit, aber auch eine besinnliche Zeit, denn die Gedenktage im November und der Advent fordern zum In-sich-Gehen und zum Zurückblicken auf. Am Totensonntag wird feierlich der Verschiedenen gedacht, das Jahr neigt sich dem Ende zu und auch die Natur zieht sich zur Ruhe zurück. Gestalten Sie den ausklingenden Herbst entsprechend, lassen Sie sich nicht von dem vorweihnachtlichen Stress einholen.

Im Spätherbst und in der Vorweihnachtszeit werden traditionell viele Erinnerungen an vergangene Zeiten wach: an die Familie und an die eigene Kindheit und Jugend. Oft sind gerade demente Senioren vermehrt unruhig oder auch besonders antriebsam durch das wenige Tageslicht.
Geben Sie in dieser Zeit viel Raum für Gespräche. Schauen Sie alte Fotoalben an, singen Sie gemeinsam alte Lieder und aktivieren Sie Ihre Bewohner immer wieder zur Teilnahme an den unterschiedlichen Angeboten. Stimmen Sie sich mit passender Dekoration auf den November ein. Fragen Sie Ihre Teilnehmer, was sie mit dem Spätherbst verbinden.

5 Min.
Musik/Singen

„Kein schöner Land"

Material
- Lied *„Kein schöner Land"* (Noten und Text siehe S. 124 im Anhang bzw. CD-ROM, Lied siehe Musik-CD)
- CD-Spieler

Durchführung
Singen Sie zur Einstimmung dieses Lied. Es passt besonders gut in den frühen Abend.

Ziele
- Trainieren der Atemmuskulatur
- Gemeinschaft fördern

siehe Anhang, Seite 124

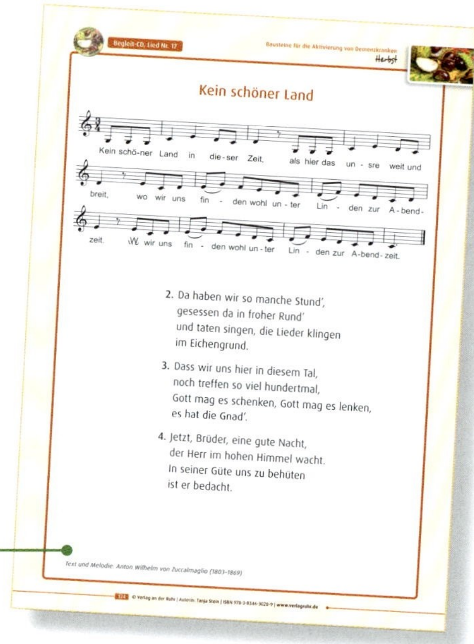
Begleit-CD, Lied Nr. 17

Kein schöner Land

2. Da haben wir so manche Stund',
gesessen da in froher Rund'
und taten singen, die Lieder klingen
im Eichengrund.

3. Dass wir uns hier in diesem Tal,
noch treffen so viel hundertmal,
Gott mag es schenken, Gott mag es lenken,
es hat die Gnad'.

4. Jetzt, Brüder, eine gute Nacht,
der Herr im hohen Himmel wacht.
In seiner Güte uns zu behüten
ist er bedacht.

Text und Melodie: Anton Wilhelm von Zuccalmaglio (1803–1869)

ca. 10 Min.
Biografiearbeit

Gespräche zum Thema „Abendrituale"

Durchführung
An welche Abendrituale erinnern sich Ihre Teilnehmer? Wie sehen die Erinnerungen an die frühe Kindheit aus, wer hat die Kinder in der Familie zu Bett gebracht (Eltern, Großeltern, Geschwister, Kindermädchen ...)? Wie sah die Schlafstätte aus? Womit war das Bett ausgestattet? Wie haben Ihre Teilnehmer die eigenen Kinder später zum Einschlafen gebracht? Welche Gebete und Schlaflieder fallen Ihren Teilnehmern ein? Welche Hausmittel halfen damals bei Schlaflosigkeit (Bettwärmer, Wärmflaschen, Honigmilch, Baldrian, Lavendel ...)?

Ziele
- Aktivierung des Langzeitgedächtnisses
- Förderung der Kommunikation

ca. 15–20 Min.
Gesprächsrunde

Licht- und Wärmequellen früher und heute

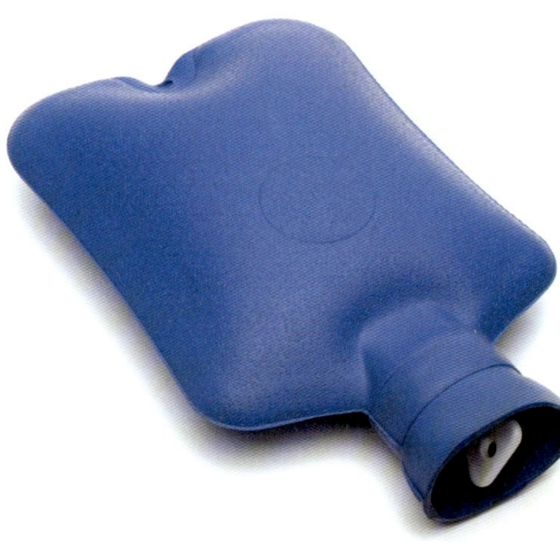

Material
- Glühbirne, Dynamotaschenlampe, Kerze
- Holzscheit, Kohle bzw. Abbildungen davon (siehe Bildvorlagen auf CD-ROM)

Durchführung Starten Sie eine Gesprächsrunde zum Thema Energie und Wärmequellen. Was hat sich im Laufe der Jahrzehnte verändert, wie wurde Energie früher gewonnen? Welche Rolle spielte Elektrizität im 20. Jahrhundert? Welche Geräte funktionierten mechanisch und brauchten keinen Strom? Was passierte, wenn der Strom ausfiel? Wie wurde geheizt? Wo kam das Material dazu her?

Ziele

- geistige Aktivierung
- Sprachanregung bieten
- Austausch von biografischen Erinnerungen

5 Min.
Musik/Singen

„Der Mond ist aufgegangen“

Material Lied *„Der Mond ist aufgegangen“* (Noten und Text siehe S. 125 im Anhang bzw. auf ▶ **CD-ROM**, Lied siehe ➲ **Musik-CD**)

Durchführung Passend zum Ausklang des Tages und zur Beendigung der Beschäftigungsangebote passt dieses Lied. Fragen Sie Ihre Teilnehmer, welche Abendlieder oder auch Gedichte und Gebete Ihnen einfallen. Greifen Sie die Ideen auf.

Ziele

- Pneumonieprophylaxe
- Erinnern alter Liedtexte

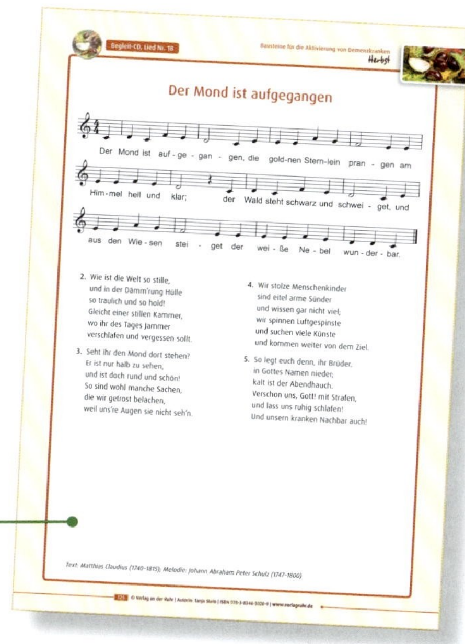
Begleit-CD, Lied Nr. 18 — Bausteine für die Aktivierung von Demenzkranken — Herbst

Der Mond ist aufgegangen

2. Wie ist die Welt so stille,
und in der Dämm'rung Hülle
so traulich und so hold!
Gleicht einer stillen Kammer,
wo ihr des Tages Jammer
verschlafen und vergessen sollt.

3. Seht ihr den Mond dort stehen?
Er ist nur halb zu sehen,
und ist doch rund und schön!
So sind wohl manche Sachen,
die wir getrost belachen,
weil uns're Augen sie nicht seh'n.

4. Wir stolze Menschenkinder
sind eitel arme Sünder
und wissen gar nicht viel;
wir spinnen Luftgespinste
und suchen viele Künste
und kommen weiter von dem Ziel.

5. So legt euch denn, ihr Brüder,
in Gottes Namen nieder;
kalt ist der Abendhauch.
Verschon uns, Gott! mit Strafen,
und lass uns ruhig schlafen!
Und unsern kranken Nachbar auch!

Text: Matthias Claudius (1740–1815); Melodie: Johann Abraham Peter Schulz (1747–1800)

siehe Anhang, Seite 125

Text- und Liedvorschläge auf den Begleit-CDs:

- **Lied:** *„Kein schöner Land“*
- **Lied:** *„Der Mond ist aufgegangen“*
(siehe ➲ **Musik-CD**; Noten und Texte siehe Anhang bzw. ▶ **CD-ROM**)
- **Gedicht:** *„Der Abend“*
- **Gedicht:** *„Im deutschen November“*
(Textvorlagen siehe Anhang bzw. ▶ **CD-ROM**)

Glossar

AEDL = „Aktivitäten und existenzielle Erfahrungen des Lebens" beschreiben ein Pflegekonzept, beruhend auf Monika Krohwinkel. Dieses wird in den meisten stationären Einrichtungen der Altenpflege als Basis aller mit der pflegerischen Versorgung zusammenhängenden Maßnahmen und Angebote umgesetzt. Es beinhaltet 13 Lebensbereiche des Menschen, z. B. kommunizieren, sich bewegen, sich kleiden, ruhen und schlafen, sich beschäftigen.

Agnosie = Dieses neurosychologische Phänomen beschreibt das Unvermögen, Reize zu erkennen bzw. zu benennen, trotz vorhandener „Reizfähigkeit". Das Organ nimmt den Reiz auf, der Nerv leitet ihn an das Gehirn, aber hier kann er nicht adäquat interpretiert, also eingeordnet und in eine Information übersetzt werden. Die Agnosie kann jeden Sinneskanal betreffen, meist äußert sich diese aber in der visuellen Wahrnehmung.

Antidepressiva = Diese Medikamentengruppe der Psychopharmaka kommt bei Depressionen, aber auch anderen Krankheitsbildern, wie Angststörungen, oder zur Begleittherapie bei chronischen Schmerzen zum Einsatz. Die Wirkung ist meist stimmungsaufhellend, angstlösend und antriebssteigernd. Diese Medikamente haben neben ihren erwünschten Wirkungen aber auch oft starke und unerwünschte Nebenwirkungen, die besonders bei Senioren gut beobachtet und bedacht werden müssen, wie Mundtrockenheit, Kreislaufstörungen, Müdigkeit und Verstopfung.

Basale Reize sind besonders geeignet, um Menschen zu erreichen, die wenig Mittel zur aktiven Kommunikation und Teilhabe mitbringen. Das Wort „basal" bedeutet „grundlegend und voraussetzungslos". Berührungen durch Massage, Streicheln, Wärme, aber auch Summen und Musik sowie das Erleben von Rhythmus, sprechen diese Menschen besonders an.

Deprivation = Deprivation bezeichnet einen Zustand des Verlustes oder des Entzuges von etwas bzw. der Isolation. Der Reizmangel oder -entzug durch langes Liegen, Bewegungsmangel, soziale Isolation, mangelnde Zuwendung und Medikamente, die die Wahrnehmung beeinträchtigen, kann massive Folgen auf das Wohlbefinden Betroffener haben. Es können sich z. B. Ängste und Halluzinationen aufgrund der fehlenden Außenreize entwickeln.

Disposition = Disposition bezeichnet die besondere Veranlagung oder auch Bereitschaften für die Anfälligkeit einer Krankheit. Die Disposition des Alters spielt bei der Demenz beispielsweise die wichtigste Rolle. Es gibt verschiedene Formen von sogenannten Bereitschaften, wie familiären, geschlechtsspezifischen oder Altersdispositionen. Medizinisch wird zwischen ererbten und erworbenen Anlagen unterschieden.

HACCP-Konzept (Hazard Analysis and Critical Control Points-Konzept) = Das Konzept beschreibt verschiedene Verhaltensweisen und Richtlinien im Umgang mit Nahrungsmitteln. Es umfasst die Handhabe in allen Hygienebereichen in öffentlichen Einrichtungen und soll den Konsumenten vor verunreinigten Lebensmitteln schützen.

Heterogenität ist das Gegenteil von Homogenität und bedeutet „Verschiedenheit" oder „von unterschiedlicher Beschaffenheit", also Elemente einer Gruppe, die nicht als gleich, sondern als verschieden beschrieben werden können, z. B. unterschiedliche körperliche Belastbarkeit von Gruppenmitgliedern.

Homogenität bedeutet „Gleichheit" oder „von gleicher Beschaffenheit", also Elemente einer Gruppe, die nicht als verschieden, sondern als gleich beschrieben werden können, z. B. ein gleiches Maß an Mobilität innerhalb der Gruppe.

Hospitalismus = Die Symptome, die Personen aufgrund von Reizmangel (siehe Deprivation) entwickeln, nennt man in ihrer Gesamtheit Hospitalismus. Diese drücken sich sowohl auf körperlicher wie auf psychischer Ebene aus. Stereotype Bewegungsmuster zur Eigenstimulation, Verhaltensauffälligkeiten und sozioemotionale Störungen können auftreten.

Das **Limbische System** ist eine Funktionseinheit des Gehirns. Es ist evolutionsgeschichtlich eines unserer ältesten Hirnteile, in dem u. a. die Verarbeitung von Emotionen und die Entstehung von Triebverhalten gesteuert werden. Das Limbische System ist eng mit der olfaktorischen Wahrnehmung verbunden, so werden hier z. B. Geruchserinnerungen mit Gefühlen belegt und gespeichert.

Motherese = Die sogenannte Ammensprache (auch Babysprache) wird in allen Kulturen beobachtet. Sie ist eine Form der Anpassung von Sprache, Stimmhöhe und Stimmmelodie an die Bedürfnisse von Säuglingen und Kleinkindern. Teilweise wird diese missverständlich in nicht angemessener und nicht angepasster Form gegenüber (dementen) Senioren, behinderten oder ausländischen Menschen verwendet.

Praxie ist die Fähigkeit praktischen Handelns. Dieser Begriff beschreibt die Fähigkeit, logisches Denken in eine sinnvolle Tätigkeit umzusetzen. Mit fortschreitendem Stadium der Demenz geht diese Fähigkeit zusehends verloren. Die Person verliert den Bezug zu Handlungen wie Anziehen oder Zähneputzen. So kommt es vor, dass ein Demenzkranker die Unterwäsche über die Oberbekleidung zieht oder mit den Beinen in die Pulloverärmel steigt. Dies wird Dyspraxie genannt.

Die **Primärfarben** Rot, Gelb und Blau können nicht durch die Mischung aus anderen Farben hergestellt werden. Diese drei Farben gelten als Grundfarben. Aus diesen Primärfarben können Sie jede beliebige andere Farbe mischen.

Rhythmisierung = Bewegungs- und Koordinationsförderung durch die Verbindung von Musik, Takt und Rhythmus mit Bewegung.

Die drei **Sekundärfarben** Orange, Grün und Lila erhalten Sie aus der Mischung von jeweils zwei Primärfarben. Rot + Gelb = Orange. Gelb + Blau = Grün. Rot + Blau = Lila.

Die **Validation** ist eine Methode zur Kommunikation und Interaktion mit demenzkranken Menschen. Sie beschreibt eine innere Haltung, um die Begegnung mit Demenzkranken empathisch zu gestalten. Naomi Feil entwickelte diese Art der Kommunikation, Nicole Richard änderte und ergänzte sie. Die integrative Validation akzeptiert die Veränderungen aufgrund hirnorganischer Abbauprozesse und versucht, dem Betroffenen ganzheitlich und mit biografischem Bezug in jedem Stadium der Erkrankung zu begegnen und ihn in seiner Persönlichkeit zu stärken.

Wahrnehmungsverarbeitungsstörung = Trotz intakter Sinnesorgane und Reizweiterleitung kann es durch eine zentrale Störung zu einer Unterbrechung der Reizverarbeitung kommen. Diese Verarbeitungsstörungen treten im Verlauf dementieller Erkrankungen häufig auf.

Stichwortverzeichnis

Bildnachweis

Der Herbst ist ein Geselle

2. Er singt im Brausebasse,
fährt einem um den Kopf,
wirft alles drüber und drunter
und zaust die Bäum am Schopf.

3. Er stürmt wie wilde Buben,
hin über Berg und Feld,
fegt durch die falben Blätter,
rauscht, heißa! in die Welt.

4. Wirft, wie er zieht, uns Gaben
mit vollen Händen zu,
füllt Scheuer, Haus und Keller
zur langen Winterruh.

Text: Marie Nathusius; Melodie: unbekannt

Herbst

Astern blühen schon im Garten,
Schwächer trifft der Sonnenpfeil.
Blumen, die den Tod erwarten
Durch des Frostes Henkerbeil.

Brauner dunkelt längst die Heide,
Blätter zittern durch die Luft.
Und es liegen Wald und Weide
Unbewegt in blauem Duft.

Pfirsich an der Gartenmauer,
Kranich auf der Winterflucht.
Herbstes Freuden, Herbstes Trauer,
Welke Rosen, reife Frucht.

Detlev von Liliencron (1844–1909)

Ein Männlein steht im Walde

2. Das Männlein steht im Walde auf einem Bein
und hat auf seinem Haupte schwarz Käpplein klein.
Sagt, wer mag das Männlein sein,
das da steht im Wald allein
mit dem kleinen schwarzen Käppelein?

gesprochen:
Das Männlein dort auf einem Bein
mit seinem roten Mäntelein
und seinem schwarzen Käppelein
kann nur die Hagebutte sein.

Text: Hoffmann von Fallersleben (1798–1874)
Melodie: unbekannt, seit 1800 überliefert

  ISBN 978-3-8346-3020-9 | www.verlagruhr.de

Der fliegende Robert

Wenn der Regen niederbraust,
wenn der Sturm das Feld durchsaust,
bleiben Mädchen oder Buben
hübsch daheim in ihren Stuben.
Robert aber dachte: „Nein!
Das muss draußen herrlich sein!“
Und im Felde patschet er
mit dem Regenschirm umher.

Hui, wie pfeift der Sturm und keucht,
dass der Baum sich niederbeugt!
Seht! Den Schirm erfasst der Wind
und der Robert fliegt geschwind
durch die Luft so hoch, so weit;
niemand hört ihn, wenn er schreit.
An die Wolken stößt er schon,
und der Hut fliegt auch davon.

Schirm und Robert fliegen dort
durch die Wolken immerfort.
Und der Hut fliegt weit voran,
stößt zuletzt am Himmel an.
Wo der Wind sie hingetragen,
ja, das weiß kein Mensch zu sagen.

Hoffmann von Fallersleben (1809–1894)

  ISBN 978-3-8346-3020-9 | www.verlagruhr.de

Der fliegende Robert – Bild Nr. 1

Hoffmann von Fallersleben (1809–1894)

Der fliegende Robert – Bild Nr. 2

Hoffmann von Fallersleben (1809–1894)

Der fliegende Robert – Bild Nr. 3

Hoffmann von Fallersleben (1809–1894)

 © Verlag an der Ruhr | Autorin: Tanja Stein | ISBN 978-3-8346-3020-9 | www.verlagruhr.de

Wir lieben die Stürme

2. Unser Schiff gleitet stolz
durch die schäumenden Wellen.
Es strafft der Wind
uns're Segel mit Macht.
Seht ihr hoch droben
die Fahne sich wenden,
die blutrote Fahne,
ihr Seeleut' habt acht!
Heija, heija, heijo,
heijo, heijo, heijoho, heijo, heijoho, heijo!

3. Wir treiben die Beute
mit fliegenden Segeln,
Wir jagen sie weit
auf das endlose Meer.
Wir stürzen auf Deck
und wir kämpfen wie Löwen,
hei unser der Sieg,
viel Feinde, viel Ehr!
Heija, heija, heijo,
heijo, heijo, heijoho, heijo, heijoho, heijo!

4. Ja, wir sind Piraten
und fahren zu Meere
und fürchten nicht Tod
und Teufel dazu!
Wir lachen der Feinde
und aller Gefahren,
im Grunde des Meeres
erst finden wir Ruh!
Heija, heija, heijo,
heijo, heijo, heijoho, heijo, heijoho, heijo!

Text und Melodie: unbekannt

 © Verlag an der Ruhr | Autorin: Tanja Stein | ISBN 978-3-8346-3020-9 | www.verlagruhr.de

Hoch auf dem gelben Wagen

2. Flöten hör ich und Geigen,
lustiges Bassgebrumm,
junges Volk im Reigen
tanzt um die Linde herum.
Wirbelnde Blätter im Winde,
es jauchzt und lacht und tollt.
Ich bliebe so gern bei der Linde,
Aber der Wagen, der rollt.

3. Postillon in der Schenke
füttert Rosse im Flug,
schäumendes Gerstengetränke
reicht uns der Wirt im Krug.
Hinter den Fensterscheiben
lacht ein Gesichtchen gar hold.
Ich möchte so gerne noch bleiben,
Aber der Wagen, der rollt.

4. Sitzt einmal ein Gerippe
hoch auf dem Wagen vorn,
hält statt der Peitsche die Hippe,
Stundenglas statt Horn.
Sag ich: Ade, nun, ihr Lieben,
die ihr nicht mitfahren wollt.
Ich wäre so gern noch geblieben,
Aber der Wagen, der rollt.

Hoch auf dem gelben Wagen
Musik: Heinz Höhne; Text: Rudolf Baumbach

Die Grille und die Ameise

Grillchen, das den Sommer lang
Zirpt und sang,
Litt, da nun der Winter droht',
Harte Zeit und bittre Not:
Nicht das kleinste Würmchen nur,
Und von Fliegen keine Spur!
Und vor Hunger weinend leise
Schlich's zur Nachbarin Ameise;
Fleht' sie an, in ihrer Not
Ihr zu leihn ein Körnlein Brot,
Bis der Sommer wiederkehre.
„Glaub mir", sprach's „auf Grillen-Ehre,
Vor dem Erntemond noch zahl
Zins ich dir und Kapital."
Ämchen, die, wie manche lieben
Leute, das Verleihen hasst,
Fragt die Borgerin: „Was hast
Du im Sommer denn getrieben?"
„Tag und Nacht hab ich ergötzt
Durch mein Singen alle Leut."
„Durch dein Singen? – Sehr erfreut!
Weißt du was? Dann – tanze jetzt!"

Jean de la Fontaine (1621–1695)

Hab mein Wage vollgelade

2. Hab mein Wage vollgelade
voll mit Männern alten,
Als wir in die Stadt 'neinkamen,
murrten sie und schalten.
Drum lad ich all mein Lebetage
nie alte Männer auf mein Wage.
Hü Schimmel, hü, Schimmel hü!

3. Hab mein Wage vollgelade
voll mit jungen Mädchen.
Als wir zu dem Tor 'neinkamen
sangen sie durchs Städtchen.
Drum lad ich all mein Lebetage
nur junge Mädchen auf mein Wage.
Hü Schimmel, hü, Schimmel hü!

Text und Melodie: unbekannt, seit dem 19. Jh. aus dem Flämischen überliefert

Es klappert die Mühle

2. Flink laufen die Räder und drehen den Stein: klipp klapp!
Und mahlen den Weizen zu Mehl uns so fein: klipp klapp!
Der Müller, der füllt uns den schweren Sack,
der Bäcker das Brot und den Kuchen uns backt.
Klipp klapp, klipp klapp, klipp klapp.
Klipp klapp, klipp klapp, klipp klapp.

3. Wenn goldene Körner das Ackerfeld trägt: klipp klapp!
Die Mühle dann flink ihre Räder bewegt: klipp klapp.
Und schenkt uns der Himmel nur immer das Brot,
so sind wir geborgen und leiden nicht Not.
Klipp klapp, klipp klapp, klipp klapp.
Klipp klapp, klipp klapp, klipp klapp.

Text: Ernst Anschütz (1780–1861)
Melodie: unbekannt, seit dem 16. Jh. überliefert

Lustig ist das Zigeunerleben

2. Sollt uns einmal der Hunger plagen,
faria, faria, ho.
Tun wir uns ein Hirschlein jagen,
faria, faria, ho.
Hirschlein nimm dich wohl in Acht,
wenn des Jägers Büchse kracht,
faria, faria, faria, faria,
faria, faria, ho.

3. Sollt uns einmal der Durst sehr quälen,
faria, faria, ho.
Gehn wir hin zu Waldesquellen,
faria, faria, ho.
Trinken das Wasser wie Moselwein,
meinen, es müsste Champagner sein,
faria, faria, faria, faria,
faria, faria, ho.

4. Wenn wir auch kein Federbett haben,
faria, faria, ho.
Tun wir uns ein Loch ausgraben,
faria, faria, ho.
Legen Moos und Reisig 'nein,
das soll uns ein Federbett sein,
faria, faria, faria, faria,
faria, faria, ho.

Text und Melodie: unbekannt

Hejo, spann den Wagen an

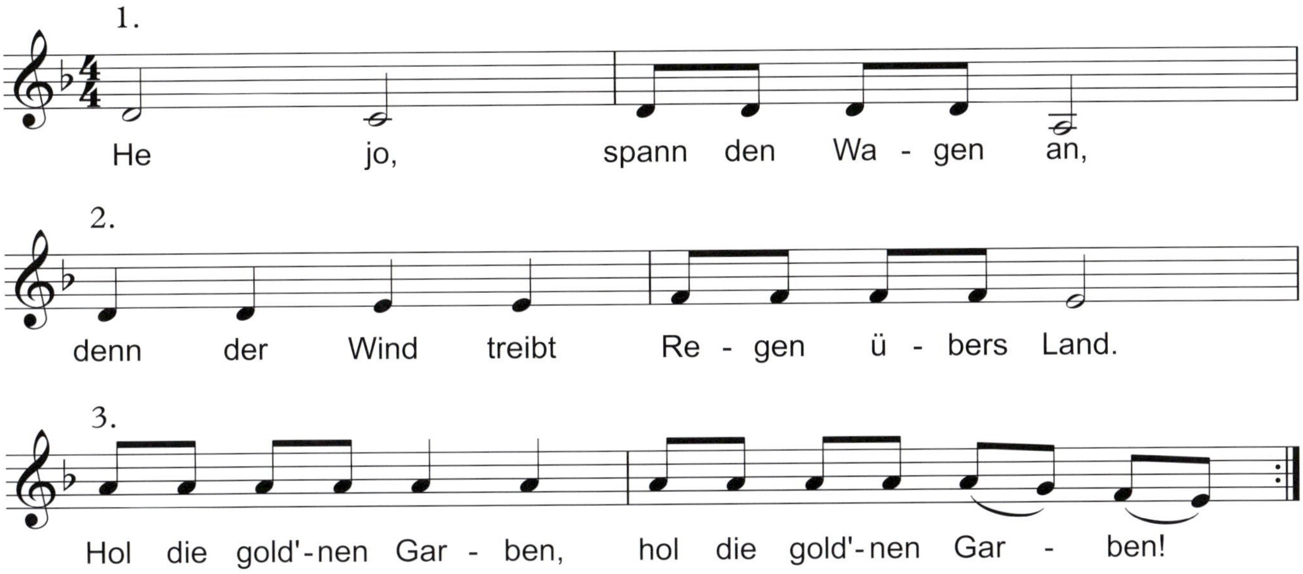

Text: unbekannt; Melodie: nach dem englischen Rundgesang „Heigh-ho, nobody home?“

Herr von Ribbeck auf Ribbeck im Havelland 1/2

Herr von Ribbeck auf Ribbeck im Havelland,
Ein Birnbaum in seinem Garten stand,
Und kam die goldene Herbsteszeit
Und die Birnen leuchteten weit und breit,
Da stopfte, wenn's Mittag vom Turme scholl,
Der von Ribbeck sich beide Taschen voll,
Und kam in Pantinen ein Junge daher,
So rief er: „Junge, wiste 'ne Beer?"
Und kam ein Mädel, so rief er: „Lütt Dirn,
Kumm man röwer, ick hebb 'ne Birn."

So ging es viel Jahre, bis lobesam
Der von Ribbeck auf Ribbeck zu sterben kam.
Er fühlte sein Ende. 's war Herbsteszeit,
Wieder lachten die Birnen weit und breit;
Da sagte von Ribbeck: „Ich scheide nun ab.
Legt mir eine Birne mit ins Grab."
Und drei Tage drauf, aus dem Doppeldachhaus,
Trugen von Ribbeck sie hinaus,
Alle Bauern und Büdner mit Feiergesicht
Sangen „Jesus meine Zuversicht",
Und die Kinder klagten, das Herze schwer:
„He is dod nu. Wer giwt uns nu 'ne Beer?"

Herr von Ribbeck auf Ribbeck im Havelland 2/2

So klagten die Kinder. Das war nicht recht –
Ach, sie kannten den alten Ribbeck schlecht;
Der neue freilich, der knausert und spart,
Hält Park und Birnbaum strenge verwahrt.
Aber der alte, vorahnend schon
Und voll Mißtraun gegen den eigenen Sohn,
Der wußte genau, was damals er tat,
Als um eine Birn' ins Grab er bat.

Und im dritten Jahr aus dem stillen Haus
Ein Birnbaumsprößling sproßt heraus.
Und die Jahre gingen wohl auf und ab,
Längst wölbt sich ein Birnbaum über dem Grab,
Und in der goldenen Herbsteszeit
Leuchtet's wieder weit und breit.
Und kommt ein Jung' übern Kirchhof her,
So flüstert's im Baume: „Wiste 'ne Beer?"
Und kommt ein Mädel, so flüstert's: „Lütt Dirn,
Kumm man röwer, ick gew' di 'ne Birn."

So spendet Segen noch immer die Hand
Des von Ribbeck auf Ribbeck im Havelland.

Theodor Fontane (1819–1898)

 © Verlag an der Ruhr | Autorin: Tanja Stein | ISBN 978-3-8346-3020-9 | www.verlagruhr.de

Spannenlanger Hansel, nudeldicke Dirn*

2. „Lauf doch nicht so närrisch**, spannenlanger Hans!
Ich verlier die Birnen und die Schuh' noch ganz."
„Trägst ja nur die kleinen, nudeldicke Dirn,
und ich schlepp den schweren Sack mit großen Birn.“

*oder: Deern
**oder: schnelle

Text und Melodie: unbekannt

Abbildung: © travelbook – Fotolia.com

 © Verlag an der Ruhr | Autorin: Tanja Stein | ISBN 978-3-8346-3020-9 | www.verlagruhr.de

Ein Jäger aus Kurpfalz

2. Auf, sattelt mir mein Pferd
und legt darauf den Mantelsack,
so reit ich hin und her
als Jäger aus Kurpfalz.
Juja, juja! Gar lustig ist die Jägerei
allhier auf grüner Heid,
allhier auf grüner Heid!

3. Jetzt reit ich nicht mehr heim,
bis dass der Kuckuck „Kuckuck" schreit;
er schreit die ganze Nacht
allhier auf grüner Heid.
Juja, juja! Gar lustig ist die Jägerei
allhier auf grüner Heid,
allhier auf grüner Heid!

Text und Melodie: unbekannt, ab 1790 durch Liedflugschriften belegt

  ISBN 978-3-8346-3020-9 | www.verlagruhr.de

Ein Jäger längs dem Weiher ging

2. Was raschelt in dem Grase dort?
Lauf, Jäger, lauf!
Was flüstert leise fort und fort?

Refrain:
Lauf, Jäger, lauf,
Jäger, lauf, lauf, lauf,
mein lieber Jäger,
guter Jäger, lauf, lauf, lauf
mein lieber Jäger, lauf!

3. Ein Häschen spielt im Mondenschein.
Lauf, Jäger, lauf!
Ihm leuchten froh die Äugelein.

4. Was ist das für ein Untier doch!
Lauf, Jäger, lauf!
Hat Ohren wie ein Blocksberg hoch.

5. Das muss fürwahr ein Kobold sein.
Lauf, Jäger, lauf!
Hat Augen wie Karfunkelstein!

6. Der Jäger furchtsam um sich schaut!
Lauf, Jäger, lauf!
Jetzt gilt es wagen, o mir graust!

7. O, Jäger, lass die Büchse ruh'n.
Lauf, Jäger, lauf!
Das Tier könnt' dir ein Leid antun.

8. Der Jäger lief zum Wald hinaus.
Lauf, Jäger, lauf!
Verkroch sich flink im Jägerhaus!

9. Das Häschen spielt im Mondenschein.
Lauf, Jäger, lauf!
Ihm leuchten froh die Äugelein.

Text und Melodie: Anton Wilhelm von Zuccalmaglio (1803–1969)

  ISBN 978-3-8346-3020-9 | www.verlagruhr.de

Der Hase und der Igel 1/2

An einem Sonntagmorgen, gerade als die Sonne am Himmel aufgegangen war und die Lerchen in der Luft sangen, war auch der Igel vergnügt und munter und stand vor seiner Tür. Er guckte in den Morgenwind hinaus und trällerte ein Liedchen vor sich hin. Plötzlich fiel ihm ein, dass er doch mal ein bisschen im Feld spazieren gehen könne, um sich umsehen, wie seine Steckrüben wohl stünden. Also machte der Igel die Haustür hinter sich zu und schlug den Weg zu den Feldern ein.

Noch nicht weit vom Haus entfernt, begegnete ihm auf einmal der Hase, der ein ähnliches Vorhaben hatte. Als der Igel den Hasen sah, grüßte er ihn mit einem freundlichen *„Guten Morgen“* doch der Hase, vornehm wie er war, erwiderte den Gruß nicht, sondern sagte nur: *„Wie kommt es denn, dass du schon zu so früher Morgenstunde im Feld herumläufst?“*

„Ich gehe spazieren“, sagte der Igel. *„Spazieren?“* lachte der Hase, *„Ich habe den Eindruck, du könntest deine Beine auch wohl zu besseren Dingen gebrauchen.“* Diese Antwort verärgerte den Igel über alle Maße. *„Du bildest dir wohl ein, dass du mit deinen Beinen mehr ausrichten kannst?“* sagte der Igel. *„Das denke ich"*, sagte der Hase. *„Nun es käme auf einen Versuch an"*, meinte der Igel.

„Ich wette, wenn wir wettlaufen, so laufe ich dir davon.“ „Das ist zum Lachen, du mit deinen schiefen Beinen!“ sagte der Hase, *„aber meinetwegen, wenn du so übergroße Lust hast. Um was wetten wir?“ „Um einen goldenen Taler und eine Flasche Schnaps"*, sagte der Igel. *„Angenommen"*, sprach der Hase, *„schlag ein und dann kann es gleich losgehen.“ „Nein, so große Eile hat es nicht"*, meinte der Igel, *„Ich bin noch ganz nüchtern, erst will ich nach Hause gehen und ein bisschen frühstücken. In einer halben Stunde bin ich auf dem Platz.“* Der Hase willigte ein und daraufhin ging der Igel. Unterwegs dachte sich der Igel: *„Der Hase verlässt sich auf seine langen Beine, aber ich werde ihn schon kriegen. Er denkt, ein vornehmer Herr zu sein, ist aber doch ein dummer Kerl und dafür wird der bezahlen."*

Als der Igel zu Hause ankam, sagte er zu seiner Frau: *„Zieh dich eilig an, du musst mit mir ins Feld hinaus!“ „Was gibt es denn?“* fragte seine Frau. *„Ich habe mit dem Hasen um einen goldenen Taler und eine Flasche Schnaps gewettet. Ich will mit ihm um die Wette laufen und du sollst mit dabei sein.“ „Ach, du liebe Güte!“* rief seine Frau. *„Hast du den Verstand verloren? Wie kannst du mit dem Hasen um die Wette laufen wollen?“ „Sei still, das ist meine Sache und misch dich nicht in Männergeschäfte ein"*, sagte der Igel. *„Marsch, zieh dich an und dann komm mit!"*

Der Hase und der Igel 2/2

Daraufhin musste die Igel-Frau ihrem Mann folgen, ob sie nun wollte oder nicht. Als sie beide nun miteinander unterwegs waren, sprach der Igel zu seiner Frau: *„Nun pass auf, was ich dir sagen werde! Dort auf dem langen Acker wollen wir unseren Wettlauf machen. Der Hase läuft nämlich in der einen Furche und ich in der anderen und von oben fangen wir an, zu laufen. Du hast nun weiter nichts zu tun, als dich hier unten in die Furche zu setzen und wenn der Hase auf der anderen Seite ankommt, so rufst du ihm entgegen: ‚Ich bin schon da!'"*

Als sie beim Acker angelangt waren, wies der Igel seiner Frau ihren Platz zu und ging den Acker hinauf. Als er oben ankam, war der Hase schon da. *„Kann es losgehen?"* fragte der Hase. *„Jawohl"*, entgegnete der Igel.

Dann stellte sich jeder in seine Furche und der Hase zählte: *„Eins, zwei, drei!"* und los lief der Hase wie ein Sturmwind den Acker hinunter. Der Igel aber lief ungefähr nur drei Schritte, dann duckte er sich in die Furche nieder und blieb ruhig sitzen. Als der Hase endlich im vollen Laufe unten ankam, rief die Igel-Frau: *„Ich bin schon da!"* Der Hase stutzte und wunderte nicht wenig, als ihm die Igel-Dame zurief, die für den Hasen vom Igel-Mann nicht zu unterscheiden war. *„Das geht nicht mit rechten Dingen zu, es wird noch einmal gelaufen"*, rief der Hase und fort rannte er wieder wie ein Sturmwind, sodass ihm die Ohren am Kopf flogen. Die Frau des Igels aber blieb ruhig auf ihrem Platz sitzen.

Als der Hase wieder oben ankam, rief ihm der Igel entgegen: *„Ich bin schon da!"* Der Hase aber, ganz außer sich vor Eifer, schrie: *„Es wird noch einmal gelaufen!" „Mir recht, meinetwegen so oft, wie du Lust hast"*, antwortete der Igel.

So lief der Hase dreiundsiebzigmal und der Igel hielt es immer wieder mit ihm aus. Jedes Mal, wenn der Hase unten oder oben ankam, sagte der Igel oder seine Frau: *„Ich bin schon da!"* Beim vierundsiebzigsten Male aber schaffte der Hase nicht mehr das Ende. Mitten auf dem Acker stürzte er zu Boden, während im Blut aus dem Hals floss und er tot auf dem Platze liegen blieb. Der Igel aber nahm seinen gewonnenen Taler und die Flasche Branntwein, rief seine Frau aus der Furche und beide gingen vergnügt nach Hause.

Brüder Grimm

Zwischen Berg und tiefem, tiefem Tal

2. Als sie sich nun sattgegessen hatten,
setzten sie sich nieder,
bis das der Jäger, Jäger kam
bis das der Jäger, Jäger kam
und schoss sie nieder.

3. Als sie sich nun aufgerappelt hatten
und sich besannen,
ob sie noch am Leben waren,
ob sie noch am Leben waren,
hüpften sie von dannen.

Text und Melodie: unbekannt

Die zwölf Jäger 1/2

Es war einmal ein Königssohn, der hatte eine Braut und die hatte er sehr lieb. Als er nun bei ihr saß und ganz vergnügt war, da kam die Nachricht, dass sein Vater, der König, todkrank läge und ihn noch vor seinem Ende zu sehen verlangte. Da sprach er zu seiner Liebsten: *„Ich muss nun fort und muss dich verlassen, da gebe ich dir einen Ring zu meinem Andenken. Wenn ich König bin, komm' ich wieder und hol dich heim."*
Dann ritt er fort und als er bei seinem Vater anlangte, war dieser sterbenskrank und dem Tode nah. Er sprach zu ihm: *„Liebster Sohn, ich habe dich vor meinem Ende noch einmal sehen wollen, versprich mir, nach meinem Willen dich zu verheiraten"* und nannte ihm eine gewisse Königstochter, die sollte seine Gemahlin werden. Der Sohn war so betrübt, dass er sich gar nicht bedachte, sondern sprach: *„Ja, lieber Vater, was Euer Wille ist, soll geschehen"* und darauf schloss der König die Augen und starb.

Als nun der Sohn selbst zum König ausgerufen und die Trauerzeit verflossen war, musste er das Versprechen halten, das er seinem Vater gegeben hatte, und ließ um die Königstochter werben und sie ward ihm auch zugesagt. Das hörte seine erste Braut und grämte sich über die Untreue so sehr, dass sie fast verging. Da sprach ihr Vater, auch ein König, zu ihr: *„Liebstes Kind, warum bist du so traurig? Was du dir wünschest, das sollst du haben."* Sie bedachte sich einen Augenblick, dann sprach sie: *„Lieber Vater, ich wünsche mir elf Mädchen, von Angesicht, Gestalt und Wuchs mir völlig gleich."*
Sprach der König: *„Wenn's möglich ist, soll dein Wunsch erfüllt werden"*, und ließ in seinem ganzen Reich so lange suchen, bis elf Jungfrauen gefunden waren, seiner Tochter von Angesicht, Gestalt und Wuchs völlig gleich.
Als sie zu der Königstochter kamen, ließ diese zwölf Jägerkleider machen, eins wie das andere, und die elf Jungfrauen mussten die Jägerkleider anziehen und sie selber zog das zwölfte an. Darauf nahm sie Abschied von ihrem Vater und ritt mit ihnen fort und ritt an den Hof ihres ehemaligen Bräutigams, den sie so sehr liebte. Da fragte sie an, ob er Jäger brauchte und ob er sie nicht alle zusammen in seinen Dienst nehmen wollte. Der König sah sie an und erkannte sie nicht; weil es aber so schöne Leute waren, sprach er ja, er wollte sie gerne nehmen; und da waren sie die zwölf Jäger des Königs.
Der König aber hatte einen Löwen, das war ein wunderliches Tier, denn er wusste alles Verborgene und Heimliche. Es trug sich zu, dass er eines Abends zum König sprach: *„Du meinst, du hättest da zwölf Jäger?"*
„Ja", sagte der König, *„zwölf Jäger sind's."*
Da sprach der Löwe weiter: *„Du irrst dich, das sind zwölf Mädchen."* Der König antwortete: *„Das ist nimmermehr wahr, wie willst du mir das beweisen?"*
„O, lass nur Erbsen in dein Vorzimmer streuen", antwortete der Löwe, *„da wirst du's gleich sehen. Männer haben einen festen Tritt, wenn die über Erbsen hingehen, regt sich keine, aber Mädchen, die trippeln und trappeln und schlurfen und die Erbsen rollen."*

Dem König gefiel der Rat wohl und er ließ die Erbsen streuen.
Es war aber ein Diener des Königs, der war den Jägern gut und wie er hörte, dass sie auf die Probe gestellt werden sollten, ging er hin

 © Verlag an der Ruhr | Autorin: Tanja Stein | ISBN 978-3-8346-3020-9 | www.verlagruhr.de

Die zwölf Jäger 2/2

und erzählte ihnen alles wieder und sprach: *„Der Löwe will dem König weismachen, ihr wärt Mädchen."* Da dankte ihm die Königstochter und sprach hernach zu ihren Jungfrauen: *„Tut euch Gewalt an und tretet fest auf die Erbsen."* Als nun der König am anderen Morgen die zwölf Jäger zu sich rufen ließ und sie ins Vorzimmer kamen, wo die Erbsen lagen, so traten sie so fest darauf und hatten einen so sicheren starken Gang, dass auch nicht eine rollte oder sich bewegte. Da gingen sie wieder fort und der König sprach zum Löwen: *„Du hast mich belogen, sie gehen ja wie Männer."*
Der Löwe antwortete: *„Sie haben gewusst, dass sie auf die Probe gestellt werden sollten, und haben sich Gewalt angetan. Lass nur einmal zwölf Spinnräder ins Vorzimmer bringen, so werden sie herzukommen und werden sich daran freuen und das tut kein Mann."*

Dem König gefiel der Rat und er ließ die Spinnräder ins Vorzimmer stellen.
Der Diener aber, der es redlich mit den Jägern meinte, ging hin und erzählte ihnen von dem Anschlag. Da sprach die Königstochter, als sie allein waren, zu ihren elf Mädchen: *„Tut euch Gewalt an und blickt euch nicht um nach den Spinnrädern."*

Wie nun der König am anderen Morgen seine zwölf Jäger rufen ließ, so kamen sie durch das Vorzimmer und sahen die Spinnräder gar nicht an. Da sprach der König wiederum zum Löwen: *„Du hast mich belogen, es sind Männer, denn sie haben die Spinnräder nicht angesehen."*
Der Löwe antwortete: *„Sie haben gewusst, dass sie auf die Probe gestellt werden sollten, und haben sich Gewalt angetan."*
Der König aber wollte dem Löwen nicht mehr glauben.

Die zwölf Jäger folgten dem König beständig zur Jagd und er hatte sie je länger je lieber. Nun geschah es, dass, als sie einmal auf der Jagd waren, Nachricht kam, die Braut des Königs wäre im Anzug. Wie die rechte Braut das hörte, tat's ihr so weh, dass es ihr fast das Herz abstieß und sie ohnmächtig auf die Erde fiel. Der König meinte, seinem lieben Jäger sei etwas begegnet, lief hinzu und wollte ihm helfen und zog ihm den Handschuh aus.
Da erblickte er den Ring, den er seiner ersten Braut gegeben hatte, und als er ihr in das Gesicht sah, erkannte er sie. Da ward sein Herz so gerührt, dass er sie küsste, und als sie die Augen aufschlug, sprach er: *„Du bist mein und ich bin dein und kein Mensch auf der Welt kann das ändern."*
Zu der anderen Braut aber schickte er einen Boten und ließ sie bitten, in ihr Reich zurückzukehren, denn er habe schon eine Gemahlin und wer einen alten Schlüssel wiedergefunden habe, brauche den neuen nicht. Darauf ward die Hochzeit gefeiert und der Löwe kam wieder in Gnade, weil er doch die Wahrheit gesagt hatte.

Brüder Grimm

  ISBN 978-3-8346-3020-9 | www.verlagruhr.de

Die Geschichte vom wilden Jäger 1/2

(aus Struwwelpeter)

Es zog der wilde Jägersmann
Sein grasgrün neues Röcklein an;
Nahm Ranzen, Pulverhorn und Flint'-
Und lief hinaus ins Feld geschwind.

Er trug die Brille auf der Nas
Und wollte schießen tot den Has.
Das Häschen sitzt im Blätterhaus
Und lacht den wilden Jäger aus.

Jetzt schien die Sonne gar zu sehr,
Da ward ihm sein Gewehr zu schwer.
Er legte sich ins grüne Gras;
Das alles sah der kleine Has.
Und als der Jäger schnarcht' und schlief,
Der Has ganz heimlich zu ihm lief
Und nahm die Flint' und auch die Brill'
Und schlich davon ganz leis' und still.

  ISBN 978-3-8346-3020-9 | www.verlagruhr.de

Die Geschichte vom wilden Jäger 2/2

(aus Struwwelpeter)

Die Brille hat das Häschen jetzt
Sich selbst auf seine Nas gesetzt;
Und schießen will's aus dem Gewehr.
Der Jäger aber fürcht' sich sehr.
Er läuft davon und springt und schreit:
„Zu Hilf', ihr Leut', zu Hilf', ihr Leut'!"
Da kommt der wilde Jägersmann
Zuletzt beim tiefen Brünnchen an,
Er springt hinein. Die Not war groß;
Es schießt der Has die Flinte los.

Des Jägers Frau am Fenster saß
Und trank aus ihrer Kaffeetass'.
Die schoß das Häschen ganz entzwei;
Da rief die Frau: „O wei! O wei!"
Doch bei dem Brünnchen heimlich saß
Des Häschens Kind, der kleine Has.
Der hockte da im grünen Gras;
Dem floß der Kaffee auf die Nas.
Er schrie: „Wer hat mich da verbrannt?"
Und hielt den Löffel in der Hand.

Hoffmann von Fallersleben (1809–1894)

  ISBN 978-3-8346-3020-9 | www.verlagruhr.de

Herbstlied

Der Frühling hat es angefangen,
Der Sommer hat's vollbracht.
Seht, wie mit seinen roten Wangen
So mancher Apfel lacht!

Es kommt der Herbst mit reicher Gabe,
Er teilt sie fröhlich aus,
Und geht dann wie am Bettelstabe,
Ein armer Mann, nach Haus.

Voll sind die Speicher nun und Gaden,
Dass nichts uns mehr gebricht.
Wir wollen ihn zu Gaste laden,
Er aber will es nicht.

Er will uns ohne Dank erfreuen,
Kommt immer wieder her:
Lasst uns das Gute drum erneuen,
Dann sind wir gut wie er.

Hoffmann von Fallersleben (1798–1874)

Bunt sind schon die Wälder

2. Wie die volle Traube
aus dem Rebenlaube
purpurfarbig strahlt!
Am Gelände reifen
Pfirsiche mit Streifen
rot und weiß bemalt.

3. Flinke Träger springen,
und die Mädchen singen,
alles jubelt froh!
Bunte Bänder schweben
zwischen hohen Reben
auf dem Hut von Stroh.

4. Geige tönt und Flöte
bei der Abendröte
und im Mondesglanz;
junge Winzerinnen
winken und beginnen
frohen Erntetanz.

Text: Johann Gaudenz von Salis-Seewis (1762–1834); Melodie: Johann Friedrich Reichardt (1752–1814)

Es war eine Mutter

2. Der Frühling bringt Blumen, der Sommer den Klee,
der Herbst, der bringt Trauben, der Winter den Schnee.

3. Und wie sie sich schwingen im Jahresreihn,
so tanzen und singen wir fröhlich darein.

Text und Melodie: unbekannt

In meinem kleinen Apfel

2. In jedem Stübchen wohnen
zwei Kernchen schwarz und fein,
die liegen drin und träumen
vom lieben Sonnenschein.

3. Sie träumen auch noch weiter
gar einen schönen Traum,
wie sie einst werden hängen
am lieben Weihnachtsbaum.

Text: unbekannt; Melodie: nach Wolfgang Amadeus Mozart (1756–1791), aus „Die Zauberflöte"

Oktoberlied

Der Nebel steigt, es fällt das Laub;
Schenk ein den Wein, den holden!
Wir wollen uns den grauen Tag
Vergolden, ja vergolden!

Und geht es draußen noch so toll,
Unchristlich oder christlich,
Ist doch die Welt, die schöne Welt,
So gänzlich unverwüstlich!

Und wimmert auch einmal das Herz –
Stoß an und lass es klingen!
Wir wissen's doch, ein rechtes Herz
Ist gar nicht umzubringen.

Der Nebel steigt, es fällt das Laub;
Schenk ein den Wein, den holden!
Wir wollen uns den grauen Tag
Vergolden, ja vergolden!

Wohl ist es Herbst; doch warte nur,
Doch warte nur ein Weilchen!
Der Frühling kommt, der Himmel lacht,
Es steht die Welt in Veilchen.

Die blauen Tage brechen an,
Und ehe sie verfließen,
Wir wollen sie, mein wackrer Freund,
Genießen, ja genießen!

Theodor Storm (1817–1888)

Rotkäppchen 1/2

Es war einmal ein kleines, süßes Mädchen, das hatte jedermann lieb, der es nur ansah, am allerliebsten aber seine Großmutter, die wusste gar nicht, was sie alles dem Kinde geben sollte. Einmal schenkte sie ihm ein Käppchen von rotem Samt und weil ihm das so wohl stand, und es nichts anders mehr tragen wollte, hieß es nur das Rotkäppchen.

Eines Tages sprach seine Mutter zu ihm: *„Komm, Rotkäppchen, da hast du ein Stück Kuchen und eine Flasche Wein, bring das der Großmutter hinaus; sie ist krank und schwach und wird sich daran laben. Mach dich auf, bevor es heiß wird, und wenn du hinauskommst, so geh hübsch sittsam und lauf nicht vom Wege ab, sonst fällst du und zerbrichst das Glas und die Großmutter hat nichts. Und wenn du in ihre Stube kommst, so vergiss nicht ‚guten Morgen' zu sagen und guck nicht erst in allen Ecken herum!"*

„Ich will schon alles richtig machen", sagte Rotkäppchen zur Mutter und gab ihr die Hand darauf. Die Großmutter aber wohnte draußen im Wald, eine halbe Stunde vom Dorf. Wie nun Rotkäppchen in den Wald kam, begegnete ihm der Wolf. Rotkäppchen aber wusste nicht, was das für ein böses Tier war, und fürchtete sich nicht vor ihm. *„Guten Tag, Rotkäppchen!"* sprach er. *„Schönen Dank, Wolf!" – „Wo willst du so früh hinaus, Rotkäppchen?" – „Zur Großmutter." – „Was trägst du unter der Schürze?" – „Kuchen und Wein. Gestern haben wir gebacken, da soll sich die kranke und schwache Großmutter etwas damit stärken." – „Rotkäppchen, wo wohnt denn deine Großmutter?" – „Noch eine gute Viertelstunde weiter im Wald, unter den drei großen Eichbäumen, da steht ihr Haus, unten sind die Nusshecken, das wirst du ja wissen"*, sagte Rotkäppchen.

Der Wolf dachte bei sich: Das junge, zarte Ding, das ist ein fetter Bissen, der wird noch besser schmecken als die Alte. Du musst es listig anfangen, damit du beide schnappst. Da ging er ein Weilchen neben Rotkäppchen her, dann sprach er: *„Rotkäppchen, sieh einmal die schönen Blumen, die ringsumher stehen. Warum guckst du dich nicht um? Ich glaube, du hörst gar nicht, wie die Vöglein so lieblich singen? Du gehst ja für dich hin, als wenn du zur Schule gingst, und es ist so lustig hausen in dem Wald."*

Rotkäppchen schlug die Augen auf und als es sah, wie die Sonnenstrahlen durch die Bäume hin und her tanzten und alles voll schöner Blumen stand, dachte es: Wenn ich der Großmutter einen frischen Strauß mitbringe, der wird ihr auch Freude machen; es ist so früh am Tag, dass ich doch zu rechter Zeit ankomme, lief vom Wege ab in den Wald hinein und suchte Blumen. Und wenn es eine gebrochen hatte, meinte es, weiter hinaus stände eine schönere,

 © Verlag an der Ruhr | Autorin: Tanja Stein | ISBN 978-3-8346-3020-9 | www.verlagruhr.de

Rotkäppchen 2/2

und lief danach und geriet immer tiefer in den Wald hinein. Der Wolf aber ging geradewegs nach dem Haus der Großmutter und klopfte an die Tür. *„Wer ist draußen?“ – „Rotkäppchen, das bringt Kuchen und Wein, mach auf!“ – „Drück nur auf die Klinke!“* rief die Großmutter, *„ich bin zu schwach und kann nicht aufstehen.“* Der Wolf drückte auf die Klinke, die Türe sprang auf und er ging, ohne ein Wort zu sprechen, gerade zum Bett der Großmutter und verschluckte sie. Dann tat er ihre Kleider an, setzte ihre Haube auf, legte sich in ihr Bett und zog die Vorhänge vor.

Rotkäppchen aber war nach den Blumen herumgelaufen und als es so viel zusammenhatte, dass es keine mehr tragen konnte, fiel ihm die Großmutter wieder ein und es machte sich auf den Weg zu ihr. Es wunderte sich, dass die Tür aufstand, und wie es in die Stube trat, so kam es ihm so seltsam darin vor, dass es dachte: Ei, du mein Gott, wie ängstlich wird mir's heute zumut, und bin sonst so gerne bei der Großmutter! Es rief: *„Guten Morgen“*, bekam aber keine Antwort. Darauf ging es zum Bett und zog die Vorhänge zurück. Da lag die Großmutter und hatte die Haube tief ins Gesicht gesetzt und sah so wunderlich aus.
„Ei, Großmutter, was hast du für große Ohren!“ – „Dass ich dich besser hören kann!“ „Ei, Großmutter, was hast du für große Augen!“ – „Dass ich dich besser sehen kann!“ „Ei, Großmutter, was hast du für große Hände!“ – „Dass ich dich besser packen kann!“ – „Aber, Großmutter, was hast du für ein entsetzlich großes Maul!“ – „Dass ich dich besser fressen kann!“
Kaum hatte der Wolf das gesagt, so tat er einen Satz aus dem Bette und verschlang das arme Rotkäppchen.

Wie der Wolf seinen Appetit gestillt hatte, legte er sich wieder ins Bett, schlief ein und fing an, überlaut zu schnarchen. Der Jäger ging eben an dem Haus vorbei und dachte: Wie die alte Frau schnarcht! Du musst doch sehen, ob ihr etwas fehlt. Da trat er in die Stube und wie er vor das Bett kam, so sah er, dass der Wolf darin lag. *„Finde ich dich hier, du alter Sünder“*, sagte er, *„ich habe dich lange gesucht.“* Nun wollte er seine Büchse anlegen, da fiel ihm ein, der Wolf könnte die Großmutter gefressen haben und sie wäre noch zu retten, schoss nicht, sondern nahm eine Schere und fing an, dem schlafenden Wolf den Bauch aufzuschneiden. Wie er ein paar Schnitte getan hatte, da sah er das rote Käppchen leuchten und noch ein paar Schnitte, da sprang das Mädchen heraus und rief: *„Ach, wie war ich erschrocken, wie war's so dunkel in dem Wolf seinem Leib!“* Und dann kam die alte Großmutter auch noch lebendig heraus und konnte kaum atmen. Rotkäppchen aber holte geschwind große Steine, damit füllten sie dem Wolf den Leib und wie er aufwachte, wollte er fortspringen, aber die Steine waren so schwer, dass er gleich niedersank und sich totfiel.

Da waren alle drei vergnügt. Der Jäger zog dem Wolf den Pelz ab und ging damit heim, die Großmutter aß den Kuchen und trank den Wein, den Rotkäppchen gebracht hatte, und erholte sich wieder; Rotkäppchen aber dachte: Du willst dein Lebtag nicht wieder allein vom Wege ab in den Wald laufen, wenn dir's die Mutter verboten hat.

Brüder Grimm

Laterne, Laterne

Text: geht vermutlich auf das Gedicht „Mit einer Handlaterne" von Theodor Storm (1817–1888) zurück
Melodie: unbekannt

Abbildung: © boltenkoff – Fotolia.com

  ISBN 978-3-8346-3020-9 | www.verlagruhr.de

Ich geh' mit meiner Laterne

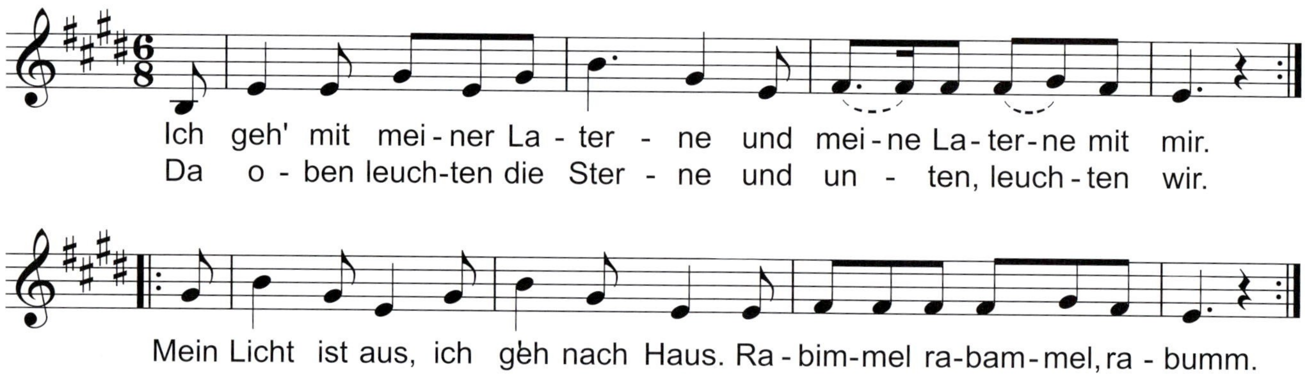

2. Ich geh' mit meiner Laterne
und meine Laterne mit mir.
Dort oben leuchten die Sterne
und unten leuchten wir.

Ich trag' mein Licht
Und fürcht' mich nicht.
Rabimmel, rabammel, rabumm.

Refrain:
Ich geh' mit meiner Laterne
und meine Laterne mit mir.
Dort oben leuchten die Sterne
und unten leuchten wir.

Mein Licht ist aus, ich geh' nach Haus.
Rabimmel, rabammel, rabumm.

Text und Melodie: unbekannt, seit 1818 überliefert

Sankt Martin

2. Im Schnee saß, im Schnee saß,
im Schnee, da saß ein armer Mann,
hatt' Kleider nicht, hatt' Lumpen an.
„O helft mir doch in meiner Not,
sonst ist der bitt're Frost mein Tod!"

3. Sankt Martin, Sankt Martin,
Sankt Martin zieht die Zügel an,
das Ross steht still beim armen Mann.
Sankt Martin mit dem Schwerte teilt
den warmen Mantel unverweilt.

4. Sankt Martin, Sankt Martin,
Sankt Martin gibt den halben still:
Der Bettler rasch ihm danken will,
Sankt Martin aber ritt in Eil'
hinweg mit seinem Mantelteil.

Text und Melodie: unbekannt

Kein schöner Land

2. Da haben wir so manche Stund',
gesessen da in froher Rund'
und taten singen, die Lieder klingen
im Eichengrund.

3. Dass wir uns hier in diesem Tal,
noch treffen so viel hundertmal,
Gott mag es schenken, Gott mag es lenken,
es hat die Gnad'.

4. Jetzt, Brüder, eine gute Nacht,
der Herr im hohen Himmel wacht.
In seiner Güte uns zu behüten
ist er bedacht.

Text und Melodie: Anton Wilhelm von Zuccalmaglio (1803–1869)

  ISBN 978-3-8346-3020-9 | www.verlagruhr.de

Der Mond ist aufgegangen

2. Wie ist die Welt so stille,
und in der Dämm'rung Hülle
so traulich und so hold!
Gleicht einer stillen Kammer,
wo ihr des Tages Jammer
verschlafen und vergessen sollt.

3. Seht ihr den Mond dort stehen?
Er ist nur halb zu sehen,
und ist doch rund und schön!
So sind wohl manche Sachen,
die wir getrost belachen,
weil uns're Augen sie nicht seh'n.

4. Wir stolze Menschenkinder
sind eitel arme Sünder
und wissen gar nicht viel;
wir spinnen Luftgespinste
und suchen viele Künste
und kommen weiter von dem Ziel.

5. So legt euch denn, ihr Brüder,
in Gottes Namen nieder;
kalt ist der Abendhauch.
Verschon uns, Gott! mit Strafen,
und lass uns ruhig schlafen!
Und unsern kranken Nachbar auch!

Text: Matthias Claudius (1740–1815); Melodie: Johann Abraham Peter Schulz (1747–1800)

  ISBN 978-3-8346-3020-9 | www.verlagruhr.de

Der Abend

Schweigt der Menschen laute Lust:
Rauscht die Erde wie in Träumen
Wunderbar mit allen Bäumen,
Was dem Herzen kaum bewußt,
Alte Zeiten, linde Trauer,
Und es schweifen leise Schauer
Wetterleuchtend durch die Brust.

Joseph von Eichendorff (1788–1857)

Im deutschen November

Dies ist der Herbst: der –
bricht dir noch das Herz!
Fliege fort! fliege fort! –
Die Sonne schleicht zum Berg
Und steigt und steigt
und ruht bei jedem Schritt.

Was ward die Welt so welk!
Auf müd gespannten Fäden spielt
Der Wind sein Lied.
Die Hoffnung floh –
Er klagt ihr nach.

Dies ist der Herbst: der –
bricht dir noch das Herz.
Fliege fort! fliege fort!
Oh Frucht des Baums,
Du zitterst, fällst?
Welch ein Geheimnis lehrte dich
Die Nacht,
Daß eis'ger Schauder deine Wange,
Die purpur-Wange deckt? –

Du schweigst, antwortest nicht?
Wer redet noch? – –

Dies ist der Herbst: der –
bricht dir noch das Herz.
Fliege fort! fliege fort! –
„Ich bin nicht schön"
– so spricht die Sternenblume –
Doch Menschen lieb' ich
Und Menschen tröst' ich –
sie sollen jetzt noch Blumen sehn,
nach mir sich bücken
ach! und mich brechen –
in ihrem Auge glänzet dann
Erinnerung auf,
Erinnerung an Schöneres als ich: –
– ich seh's, ich seh's – und sterbe so. –

Dies ist der Herbst: der –
bricht dir noch das Herz!
Fliege fort! fliege fort!

Friedrich Nietzsche (1844–1900)

Postfach 10 22 51
45422 Mülheim an der Ruhr

Telefon 030/89 785 235
Fax 030/89 785 578

bestellungen@cornelsen-schulverlage.de
www.verlagruhr.de

Es gelten die Preise auf unserer Internetseite.

Groß-Puzzles Thema „Tiere"

6 Motive (je 4 Teile) in stabilen Legerahmen,
25x25 cm, farbig, aus 5 mm Pappe,
in stabiler Schachtel
ISBN 978-3-8346-2952-4

Groß-Puzzles Thema „Kaffeetafel"

6 Motive für die Aktivierung
von Demenzkranken

6 Motive (je 4 Teile) in stabilen Legerahmen,
25 x 25 cm, farbig, in stabiler Schachtel
ISBN 978-3-8346-2347-8

Das große Jahreszeiten-Spiel

Ein heiteres Aktivierungsspiel
für ältere Menschen

480 S., Spielkarten, 480 Spielkarten (8 x 12 cm),
1 Farbwürfel, 1 Augenwürfel, 1 Spielfigur und
Spielanleitung im Spielkarton
ISBN 978-3-8346-2793-3

Geräusche und Bildkarten
für die Seniorenarbeit

Der Wald

A5, Audio-CD, 20 farbige Bildkarten A5
und 48 S. Begleitheft, in Klappbox
ISBN 978-3-8346-2574-8

Filme für Demenzkranke

Eine Wanderung in den Bergen

Medienset mit Film-DVD, Bildkarten
und Begleitheft

Film auf DVD, mit 24 farbigen A4-Bildkarten
und 36 S. Begleitheft A4 in praktischer
Aufbewahrungsmappe
ISBN 978-3-8346-2576-2

Naturerfahrungen im Pflegealltag: Das Draußen drinnen erleben

Praxisratgeber mit Fotokarten und Bilder-CD

136 S., 17 x 24 cm, Paperback, farbig,
80 Naturfotos auf 40 farbigen Fotokarten,
beidseitig bedruckt, inkl. Bilder-CD
ISBN 978-3-8346-2464-2

Gedächtnistraining mit Senioren – Aktivierung leicht gemacht!

Ganzheitliches Übungsmaterial
mit Kopiervorlagen

244 S., A4, Paperback, farbig
ISBN 978-3-8346-2792-6

Schreibend erzählen: Biografiearbeit mit Senioren und Demenzkranken

Praxismaterial mit Tipps, Anleitungen
und Kopiervorlagen

168 S., A4, Paperback
ISBN 978-3-8346-2579-3